김영례 수필집

빛의 놀이터

빛의 놀이터

김영례 수필집

1판 1쇄 인쇄/ 2026년 1월 15일
1판 1쇄 발행/ 2026년 1월 20일

지은이 / 김영례
펴낸이 / 우희정
펴낸곳 / 도서출판 소소리

등록 / 제300-2007-21호
주소 03073 서울 종로구 성균관로5길 39-16
전화 / 765-5663, 010-4265-5663
e-mail: sosori39@hanmail.net
www.sosori.net

값 14,000원

*잘못된 책은 바꿔드립니다.

ISBN 979-11-5891-225-3 03810

김영례 수필집

빛의 놀이터

소소리

틈새로 스며드는 햇살

북한강과 남한강이 만나는 두물머리를 좋아합니다.

강은 평화롭습니다.

강물은 흐르지 않는 듯 흐르고 있으며, 아무것도 없는 것 같은데 많은 것들로 가득 차 있습니다.

생명, 생명입니다.

거리에 많은 사람들이 지나고 있습니다.

저마다 담긴 이야기가 많습니다.

바람이 지나는 길에도 생명이 있습니다. 이야기가 있습니다.

글을 쓰는 것은 보이지 않는 생명들을 들춰보는 일이고 숨어 있는 이야기를 꺼내는 것입니다.

그동안 책을 묶는 일에 많이 게을렀습니다. 늦었지만 흩어져 있던 것을 모아 보았습니다.

틈새에 스며든 작은 빛줄기에 생명이 일어납니다. 누군가의 눈에 띄는 순간 반짝거릴 겁니다.

그 반짝임의 시간을 기다리며 감사의 기도를 담아 무릎을 꿇습니다. 더 낮은 자리로 나아가렵니다.

멋진 표지화를 준 사랑하는 동생 영화 작가에게도 고마움을 전합니다.

2026년 1월

저자 김영례

▷ 차 례

▷ 책을 내면서

1. 단순한 풍경

2. 바람이 분다

3. 흩어지는 꿈들

4. 빛나는 새벽

1.
단순한 풍경

바람의 노래

바람이 분다. 크고 작은 차임들에서 각각의 소리가 울린다. 바람이 살랑거리면 작고 여린 피아노시모(pp)로, 세찬 바람이 불면 강하고 급한 포르티시모(ff)로, 여러 소리들을 악보도 없이 연주자도 없이 즉흥곡으로 연주하고 있다.

이천 시민아트홀 앞마당에는 도자기로 만든 크고 작은 여러 차임들을 매단 조형물들이 서 있다. 가만히 앉아 있노라니 바람이 이는 대로 맑은 소리들이 하나로 어울리면서 아름다운 음악을 들려주는 것이다.

크로아티아의 작은 항구도시 자다르 해안에 가면 하루 종일 쉼 없이 파이프 오르간의 연주를 듣게 된다. 해안 방파제에 설치되어 있는 70여 미터의 거대한 오르간에서 파도의 출렁거림에 따라 35개의 각기 다른 코드를 연주하는 파이프 오르간 소리를 듣기 위해 이곳을 찾는 발길이 끊어지지 않는다.

음악이란 소리의 즐거움이란 말이 있다. 소리로써 인간에게 즐거움을 주는 것. 그런데 이 소리라는 게 바로 바람의 움직임이다. 여러 가지 악기마다 내는 소리도 다 바람의 움직임에 따라 나는 소리다. 관악기는 입으로 바람을 불어 그 바람이 구멍을 통과할 때 아름다운 소리를 만들어 내는 것이고, 현악기는 현을 움직일 때 통의 공명을 이용한 소리다. 타악기 역시 공명의 울림을 이용한 것이니 음악이란 결국 바람의 움직임이 아니겠는가.

장자는 재물론에서 세 가지 피리소리를 말했다. 사람이 연주하는 피리소리는 인뢰라 하였고, 땅의 피리소리를 지뢰라 했으며, 자연의 피리소리를 천뢰라 했다. 사람의 연주는 악기에 의지해야 한다. 그러나 지뢰와 천뢰는 각 구멍들이 바람에 화답하여 소리를 울린다. 바람이 천만가지 구멍에 불게 되면 그 소리는 각각 다르되 각기 스스로 멈추게 하고 스스로 취하게 된다고 했다.

깊은 산사에서 들려오는 맑은 풍경소리는 우리의 지친 마음에 평안을 준다. 살랑살랑 고운 바람이 어루만지며 들려주는 작고 맑은 그 소리, 얼마나 고요하고 평화로운가? 거기에 작은 계곡의 물소리라도 보태지면 우리는 신선을 부러워하지 않는다.

대숲에서 부는 바람의 소리는 또한 어떠한가? 작은 바람에 사각거리는 댓잎의 소리는 시원하면서도 조심스럽다. 방금 손질한 세모시 치마를 입고 조신하게 오가는 새색시의 발걸음처럼 살금살금 다가서는 느낌이다. 그러나 바람이 조금만 커져도 대숲은 이내 수많은 가지들이 서로 부딪치며 소리를 높인다. 비바람이 치며 큰바람이 이는 날이면 대나무 줄기들이 부딪는 소리가 쩌렁쩌렁 요란하기 그지없다. 샤샤삭, 휘휙휙, 푸어푸엉 온갖 소리로 소름이 돋게도 한다. 대숲은 참으로 거대한 오케스트라 연주홀이다.

터키 안탈리아에서 조금 떨어진 곳에 고대 원형극장 '에스펜도스'가 있다. 한적한 시골 마을에 있는 이곳에선 지금도 해마다 국제 음악제가 열리고 있다. 1800년이 지난 지금까지도 거의 손상 없이 잘 보존되어 있을 뿐만 아니라 아무런 음향시설 없이도 2만여 명의 관중이 음악을 감상할 수 있는 곳이다.

이곳은 지중해에서 부는 바람의 영향과 공명의 원리를 치밀하게 계산하고 연구하여 객석 사이에 수많은 구멍을 만들고 석회암과 대리석, 붉은 사암을 적절히 사용하여 무대에서 떨어뜨린 동전의 소리가 전 객석에 들릴 만큼 완벽한 설계로 만들었다고 한다.

그러나 나는 에스펜도스를 지나 토레스 산맥아래 시냇가에 자리 잡은 외딴 식당에서 뜻밖의 소리를 만났다. 맑은 시냇물이 휘감아 흐르고 송어가 뛰노는 그런 시냇가였다. 시냇가엔 은사시나무가 길게 늘어 서 있었다. 윙윙 바람이 부는 대로 온몸을 흔들어대는 은사시나무 이파리들이 피리릭 피리릭 풀피리소리를 내며 춤을 추었다.

나는 두 팔을 쫙 벌리고 서서 불어오는 바람을 맞았다. 내게서도 은사시나무 이파리처럼 피리릭 피리릭 풀피리소리가 나는 듯했다.

바람 속에서 수많은 악기들의 소리가 들린다. 그렇다, 결국 음악이란 자연의 소리를 흉내 내기 위한 것이 아니었던가. 바람아 불어라! 그리고 모든 악기여 소리를 발하라!

길을 찾다

1. 제주에서

이른 새벽에 친구와 함께 숙소를 나섰다. 상큼한 제주의 바람이 목덜미를 간질인다. 지난밤에 어두워서 보지 못했던 풍광들이 눈에 들어온다. 우리가 묵은 숙소 뒤편으로 귤나무들이 즐비하다. 귤밭 경계에 심겨진 측백나무가 울창한 숲길을 이루고 있다. 우리는 그 숲길을 따라 도란도란 이야기를 나누며 한참을 갔다. 길이 끝나는 곳에 바다가 있다. 제주의 바닷가라면 어디나 펼쳐져 있는 검은 현무암이 말갛게 씻긴 얼굴로 반긴다.

그 사이에 해는 쑥 올라와 있었다. 돌 사이로 작은 게들이 부지런히 드나든다. 우리는 모래사장을 거닐다 말고 이렇게 한가롭게 있을 때가 아니라며 돌아가기로 했다. 아침 식사준비를 우리 두 사람이 하기로 했으니 서둘러야 했다. 우리는 왔던 길로 갔다. 어, 그런데 이상하다. 분명 왔던 길이 맞는 거 같은데 집 한 채 보이지 않고 귤밭만 계속 나온다. 별수 없이 다시 되돌아 나갔다. 조금 전에 왔던 바닷가가 나왔다. 이젠 자신이 있었다.

틀림없어 이 길이 맞아, 우리가 이 개울도 지났어, 기억을 잘 살려가며 걸었다. 다시 측백나무의 숲을 이루는 귤밭이 나온다. 자신 있게 속도를 높이며 걸었다. 어라, 그런데 정말 이상하다 가도 가도 똑같은 곳만 나오고 숙소는 보이지 않는다. 또 길을 잘못 들어섰다. 외국도 아니고 제주에서 길을 잃어 헤매다니 참으로 어이가 없었지만 숙소에서 말없이 나간 우리를 걱정하고 있을 사람들 생각을 하니 마음이 다급해졌다. 누구든 만나야 길을 묻든지 할 텐데 사람은커녕 차 한 대도 만날 수 없다.

얼마를 헤매고 다니는데 느낌이 점점 먼 곳으로 가고 있는 것 같았다. 드디어 사람을 만났다. 트럭을 타고 농장에 들어가는 사람에게 우리가 돌아다닌 것을 말하며 숙소를 찾아 달라고 했다. 그런데 이럴 수가, 숙소의 주소와 이름을 몰랐다. 작은 개인 콘도였고 그 숙소를 예약하고 주선하신 분은 따로 있었으며 지난 밤 늦게 도착하여 잘 살펴보지 못했다. 그리고 숙소 주변을 잠시 산책할 예정이었지 이렇게 멀리까지 올 생각도 아니었다.

정말 어이없는 실수를 한 것이다. 그런데 농장주인은 짐작이 간다며 우리를 숙소 앞까지 데려다 주었다. 차를 타고도 한참을 왔으니 정말 엉뚱한 곳에서 헤맨 것이었다.

2. 양평에서

아직 해가 뜨지 않은 겨울 산자락 아래는 컴컴했다. 모두들 잠들어있는 숙소를 나왔다. 밤사이 눈이 소복이 내렸다. 까치 두 마리가 이 나무에서 저 나무로 다니며 눈을 쪼아 먹고 있다. 산 위에서 점차 하늘이 밝아진다. 이쪽은 아직 깜깜한데 산 위쪽이 환해지는 게 신기했다. 점점 환해지더니 순식간에 빛나기 시작했다. 어찌나 밝게 환히 빛나는지 신비로운 느낌으로 나를 빨려들게 했다.

나는 그 환한 빛을 찾아 산을 오르기 시작했다. 그 산 너머엔 전혀 다른 세상이 있는 거 같았다. 눈은 발목까지 푹푹 빠졌고 길도 없는 산을 무조건 올라가느라 나뭇가지에 발이 이리 걸리고 저리 걸렸다. 어서 저 빛나는 곳으로 가야해. 나는 오직 어서 가보겠다는 일념으로 넘어져 가며 굴러가며 올라갔다. 드디어 산 위에 올랐다. 아, 이럴 수가 정말 다른 세상이다.

대낮처럼 밝고 환한 햇살이 가득 펼쳐져있는 산 너머의 마을이 동화 속 같다. 작은 산 하나를 두고 이쪽과 저쪽이 너무도 다른 세상이다. 산 너머의 마을은 이렇게 환히 빛나는 대낮 같은 따사로운 아침인데 고작 이 작은 산을 사이에 둔 내가 올라왔던 마을은 여전히 어둡고 침침한 밤 같다. 음지마을과 양지마을. 산등성이가 길다. 긴 등성이를 따라 걸으며 그 신비로운 두 마을을 내려다본다. 세상은 이렇구나. 햇살이 비취는 곳에 따라 이리도 다르구나.

3. 카파토키아에서

이곳은 신과 인간이 만든 환상적인 경관을 자랑하는 곳이라 한다. 지구상 어느 곳에서도 보기 힘든 모습의 땅이다. 수 억 년 전 화산폭발로 만들어진 바위들이 깎이고 깎여 각각 여러 모습을 하고 있다. 그 모양새가 참으로 다양하고 기기묘묘하다. 이런 곳에 너무도 가슴 아픈 도시가 있다.

로마황제의 박해를 피해 숨어 지내던 지하도시 데린구유이다.

그들은 믿음을 지키기 위해서 어쩔 수 없이 택한 길이었다. 바윗돌을 팠다. 그리고 또 팠다. 피가 맺히고 멍이 들었다. 작은 공간을 만들고 그 공간을 연결하여 또 다른 공간을 단들었다.

그렇게 만든 공간들이 길이 되고 도시가 되고 삶의 터전이 되었다. 어떤 곳은 바윗돌이 아주 단단하여 도저히 팔 수가 없었다. 겨우 한 사람이 땅바닥에 기어들어 갈 정도 밖에 되지 않았다. 그러나 그런 것도 이들에겐 아무 장애가 아니었다. 오직 숨어서라도 살 곳이 필요했다.

이곳을 찾아 온 나의 가슴은 슬픔이었다. 답답하고 숨이 막힐 것 같은 이 지하도시에서 수만 명이 숨어 살았단다. 이들에겐 오직 주님을 믿고 따르는 것만이 삶의 목표였다.

세상의 모든 것을 버리고 이곳 지하 도시에 들어 온 그들의 삶은 단순하고 명료해졌으리라. 묵상과 기도에 전념할 수 있었으며 순전하게 주님을 사랑할 수 있었으리라. 서로를 다독이며 서로에게 힘이 되어주었을 것이다.

살아간다는 게 이렇게 단순하고 순결하고 고결할 수도 있구나. 나는 이곳에서 수많은 묵언들을 듣는다. 수많은 찬양의 노래를 듣는다. 수많은 사랑의 숨결을 느낀다. 주님의 음성을 듣는다. 이곳은 참 믿음이 무엇인가를 알게 한다. 정말 잘 살아가는 것이 무엇인가를 깨닫게 한다. 아, 그러고 보니 그들은 결코 불쌍한 자들이 아니었다. 이곳에서 행복한 날들을 보냈을 것이다. 믿음은 기쁨이니까.

4. 길을 찾다

제주에서 잃었던 길을 찾았다. 아무리 돌고 돌아도 길은 나오기 마련이었다. 조금 헤매며 다녔을 뿐이다. 그리고 양평의 작은 산등성이에서도 나는 전혀 다른 길이 있음을 알았다. 햇살이 따사로운 양지마을이 있고 아직도 어둠에 있는 음지마을이 있다는 것을. 나는 이 땅에 많은 음지에 사는 이들을 마음에 품는다. 그들에게도 환한 아침이 온다는 것을 알려주고 싶다. 따사로운 햇살이 그들에게도 밝게 빛나는 아침이 온다는 것을.

카파토키아의 데린구유에서 어떻게 살아가야 할 것인가를 다시 깊게 생각하였다. 믿음은 입으로 피상적으로 그냥 믿는 것이 아니다. 믿음은 현실이고 삶의 모든 것이고 결과이다. 참으로 많은 길들이 있다. 그 많은 길들 가운데 나는 얼마나 헤매며 다녔던가? 이제 조용히 눈을 감고 내가 찾은 길을 묵상해 본다. 또 다시 길을 잃고 헤매는 일이 없었으면 한다. 그 길이 기쁨과 환희가 가득한 길이 되기를 간절히 소망한다.

달빛 노을

부엌에 불이 켜진 듯 환했습니다. 작은 창으로 대낮처럼 밝은 빛이 가득 들어오고 있었습니다.

'아직 해가 뜨기 전인데 서쪽 하늘이 이토록 밝을 수 있다니….'

순간 문득 내가 꿈을 꾸는 건 아닌가 싶었습니다.

뒤쪽 베란다 블라인드를 올리자 창문 가득 어마하게 커다란 달이, 난생처음 본 너무도 밝고 환한 달이 아파트 옆 동의 위에서 눈이 부시게 빛나고 있었습니다. 아파트 전체를 다 싸안고도 남을 만큼이나 커서 달이라고 말할 수 없습니다. 손을 뻗으면 닿을 듯 가까이 있습니다. 정녕 이건 이변입니다. 아마 간밤에 어느 설치예술가가 만들어 띄운 인공 달인지도 모를 일입니다.

옛사람이 달빛 아래서 책을 읽고, 바늘귀를 꿰었다는 말이 있던데 이런 날이었을까요? 모든 어둠이 물러가고 청아한 밝음이 세상을 정결하게 만들고 있는 모습 같아 보였습니다. 달은 서서히 아파트 사이 오목한 블록 사이로 내려갑니다. 그러자 하늘이 빨갛게 물이 들기 시작합니다. 해질녘 노을과는 다른 모습입니다. 더 차분하고 깊이가 있습니다. 한 번도 상상해 보지 못한 풍광이어서 무척 황홀했습니다.

아파트를 내려오면 바로 4차선 도로가 나옵니다. 새벽 산책 중이던 어떤 사람이 도로 한복판에서 연신 핸드폰의 카메라를 누르고 있습니다. 차가 금방이라도 달려올지 모르는데 이분도 같은 심정이었나 봅니다. 지금 이 시각이 아니면, 그 자리가 아니면 얻을 수 없는 달빛 노을을 놓치긴 아깝지요.

달빛은 우리의 마음을 차분하고 평안하게 하는 힘이 있는 것 같습니다. 달빛 아래서 함께 밤을 지새우며 친구와 나누던 우정이 오랫동안 마음에 남습니다. 모두 어릴 때의 친구입니다.

생각나는 친구를 떠올려 봅니다. 이젠 이름조차 잘 기억나지 않는 희미한 얼굴들이 있습니다. 거창하게 인생을, 문학을, 철학을 나누던 친구도 있었고, 밤새 열린 신앙집회에 참석하고 신새벽 개운산 숲길을 걸으며 함께 찬양을 부르던 친구도 있었습니다.

나뭇잎 사이에 비친 달빛을 받으며 세상의 모든 은총은 다 우리의 것인 양 했었지요. 정말 순수하고 뜨거웠던 젊은 날이었습니다.

'친구의 이별'이라는 노래가 문득 생각났습니다.

> 서편에 달이 호숫가에 질 때에
> 저 건너편에 동이 트누나…

친구와 이별을 앞두고 밤을 새우던 날이 어젯밤 같은 밤이었을지도 모릅니다. 날이 새면 헤어져야 하는 친구와 함께 호숫가에 앉아 지난 추억들을 나누고 있을 때 호수에 가득 차게 빛나는 그 아름다운 노을빛을 만난 듯합니다.

오랜만에 그 노래를 흥얼거려 보니 불현듯 옛 친구가 더 그리워집니다. 얼마 전 어느 모임에서 교회 선배 언니를 만났습니다. 참 오랜만이었지요. 그에게서 몇 사람의 소식을 들었습니다. 그 언니의 동서가 되었던 친구 은실이가 코로나로 부부가 다 하늘나라 갔다는 소식을 들었습니다. 아무 말도 나오지 않고 새벽의 달빛처럼 마음이 하얗게 되었습니다.

그 친구가 살아 있었다면 저 달빛을 보며 어떤 이야기를 나누었을까요? 아마 이렇게 말했을지도 모릅니다.

"그래도 우리는 빛나는 새벽을 함께 기다렸잖아?"

정인이는 쓰러진 후유증으로 요양병원에 있다는 소식과, 암

투병을 하다 하늘나라에 갔다는 허 장로님의 소식도 들었습니다. 다들 밤을 함께했던 좋은 친구들이었는데 이렇게 시간이 지났습니다. 새벽기도 시간 내내 그들을 그리며 떠올렸습니다. 그들이 먼저 간 하늘나라가 아침에 만난 찬란한 하늘처럼 아름답기를요.

교회 밖으로 나오니 어느새 아침 해가 동쪽 하늘을 붉게 물들이며 떠오르고 있습니다. 해는 마알간 얼굴을 하고 능청스럽습니다. 지난밤에 무슨 일이 있었는지 알 바 아닙니다. 그저 새로운 마음으로 새날을 시작하라고 남은 날을 헤어 볼 것도 없이 하루를 온 힘을 다하고 감사함으로 보내라고 말하고 있는 듯합니다.

내가 남은 날을 눈이 부시게 아름답고 찬란하게 살아갈 수야 어찌 있겠어요? 다만 누구의 마음도 다치게 하지 않고 조용히 지는 달처럼 살아가고 싶습니다. 그렇게 사라지는 빛이 누군가의 새벽을 밝히는 은총이 된다면 더욱 감사겠지요.

참으로 많은 것을 생각하게 하는 눈부신 특별한 새벽입니다.

제주의 가로수

'잘란 이젠'은 언제 봐도 멋있는 거리다. 인도네시아의 동쪽 수라바야에서 좀 떨어진 도시인 말랑에 있는 이 거리는 수령이 수 백 년이 된 야자수가 거리 양쪽에 즐비하게 늘어서 있다. 이곳의 야자수는 키가 20~30m가 넘는 훤칠하게 쭉 뻗은 나무들이 사시사철 푸르름을 드러내며 늘어 서 있다.

몸매가 어찌나 날씬하고 잘 빠졌는지 그 유명한 그리스의 파르테논 신전의 기둥 같은 느낌이 든다. 열대지방이라고 어디나 야자수가 다 멋있는 것이 아니다. 야자수 또한 그 종류가 수십 종으로 다양하여 생김새나 쓰임도 다 다르다. 그런데 이곳 말랑에 있는 이 잘란 이젠의 거리에 있는 야자수만큼 잘생기고 멋있는 나무를 나는 아직까지 본 적이 없다.

네덜란드가 350년 지배하는 동안에 만들어진 이 도시는 해

발 700미터로 인도네시아에서 살기 좋은 곳으로 손꼽히는 곳 중의 하나다. 아침저녁에는 에어컨을 켜지 않아도 시원하고 쾌적하며 도시 환경도 아주 좋다. 거리는 왕복 4차선의 도로가 시원스럽고 길가엔 이 멋있는 야자수가 도열해 있으며 주변엔 지금은 많이 퇴락하긴 했지만 여전히 운치 있는 붉은 기와지붕에 잘 가꾸어진 정원과 우람한 정원수가 가득한 네덜란드인들이 살던 집들이 있다.

어릴 때 가장 동경하는 풍경 중의 하나가 푸른 물결이 넘실대는 바닷가에 하얀 모래사장이 펼쳐져 있고 그 옆에 길게 잎을 늘어뜨린 야자수가 있는 풍경이었다. 그런데 그렇게나 동경하던 풍광을 남편이 인도네시아 선교사로 사역하게 되어서 실컷 만끽하게 되었다. 정말 열대지방에 야자수가 없었다면 어찌되었을까 하는 생각이 들 만큼이나 열대지방과 야자수는 아주 잘 어울리는 풍광이다.

그런데 이런 풍광이 우리나라 제주도에서도 흔하게 만나게 되었다. 언제부터인지 제주도엘 가면 하나 둘 야자수 거리가 늘어나 있고 마치 오래전부터 이곳에서 살아왔던 나무인 양 뿌리를 튼튼히 내리고 당당히 서 있는 나무들을 만나게 된다. 제주도가 아열대 식물이 자랄 수 있는 북방 한계선이라고는 하나 이렇게 열대지방에서 살던 나무가 자라고 있는 모습을 보는 나의 마음은 그리 편안하지가 않다.

우리가 묵은 콘도의 마당에는 먼 이국땅에서 실려 온 모습 그대로인 둥치 아랫도리에 마포자루가 칭칭 감겨진 야자수가 바짝 말라 죽어 있는 나무를 대신하여 다시 심겨지고 있었다. 이곳 콘도에만 수백 그루의 야자수가 옮겨 와 살고 있다. 그러나 이 야자수들은 수없이 베어지고 심겨지기를 반복하고 있다. 자리를 잡고 잘 서 있는 나무인 것 같아 보여도 열대지방에서 본 모습과는 많이 다르다.

기다란 이파리를 축 늘어트리고 한겨울 추위를 견디어 내고 있는 모습이 맨몸으로 서 있는 열대여인을 바라보는 느낌이다. 뿌리를 내리기도 전에 말라 죽거나 얼어 죽은 야자수들이 여기저기 뒹굴고 있다. 폭풍우 속에서 이파리는 다 찢겨 나가고 나무 둥치만 덩그러니 남아 볼썽사나운 모습도 수없이 많다. 제 나라에선 그렇게나 당당하고 멋있게 잘난 녀석들이 어쩌다가 이곳까지 와서 이리 내동댕이쳐져 있는가를 생각하니 애처롭기 짝이 없다.

우리나라엔 여러 가지 사정으로 이주해서 살아가고 있는 외국인 여성들이 많다. 그중에서도 특히 필리핀이나 베트남 등지의 나라에서 한국 남성과 결혼하여 이곳에서 살고 있는 여성들이 많다. 그들이 이곳에 와서 가장 힘든 것은 언어와 편견이다. 그리고 혹독한 한국의 겨울도 견디기 힘든 여건 중의 하나다. 이곳에서 얼어 죽고 말라죽은 이 야자수마냥 더러는 견디지 못하고 자살이라는 극단적인 방법을 택하는 사람이 있는가 하면 아무도 모르게 도망가서 신분도 없이 숨어 살아가고 있는 사람도 있다. 척박하고 찬바람이 유난히 세차게 부는 언덕 위에 심겨진 나무마냥 정상적이지 못한 사내를 만나 더 이상 견디어 내지 못하고 내린 결단일 때도 있다.

그러나 이곳이 북방 한계선이든 남방 한계선이든 상관치 않고 뿌리를 잘 내리고 의젓하게 자리 잡고 서 있는 야자수마냥 씩씩하고 용감하게 아이들 잘 낳아 기르며 시부모님의 사랑과 남편의 사랑을 받으며 예쁘게 살아가고 있는 이들을 만나면 무척이나 반갑고 고맙다.

내가 사랑하는 인도네시아 이주 여성들이 여럿 있다. 후리다처럼 좋은 남편 만나 서로 아끼고 사랑하며 아들 딸 셋을 낳아 오순도순 예쁘게 살아가는 사람도 있다. 그러나 후리다 역시 한국에 온 지 10여 년이 지났지만 여전히 서툰 한국어와 풍습으로 모든 면에서 많은 어려움이 있다. 아이들 학습도 제대로 시키기 힘들고 학부모 면담도 부담스럽다. 제 땅에서 같으면 아무런 어려움 없이 척척 해낼 일도 남편의 도움이 있어야만 가능한 게 많다. 이럴 때 이방인은 서럽다.

제 나라 제 땅에서라면 당당하고 힘 있게 잘 살아 갈 이주여성들이 이 야자수처럼 먼 곳으로 와 억지로 뿌리 내리기에 안간힘을 쓰며 살아가는 모습이 이 제주도의 야자수 가로수를 꼭 닮아 있다. 이렇게 안간힘을 쓰다 보면 어느 날인가는 마치 제 고향처럼 당당하게 살아가는 날도 오겠지. 그때에는 제주도의 야자수들도 말랑의 야자수처럼 멋있고 아름다운 풍광을 만들겠지.

자개 핸드백

장식장 한쪽에 숨은 듯이 놓여 있지만 오색 찬연한 광채가 눈부시다. 다이아몬드형의 자잘한 조각을 천여 개 연결하여 만들어진 자개 핸드백. 내가 결혼할 때 가지고 왔으니 우리 집에 온 지도 벌써 40년이 지났건만 그가 지니고 있는 빛은 조금도 변하지 않고 여전하다.

우리 가족 중 누구 하나 이 핸드백을 눈여겨보거나 관심조차 보이지 않아 그런 물건이 여기에 있는 줄도 잘 모른다. 핸드백에 담긴 사연에 대해선 더더구나 모른다. 언젠가 남편에게 사연을 말했으니 아마 남편은 기억하고 있을까. 그러나 한 번도 만난 적이 없는 오빠의 이야기가 그에게 얼마나 가 닿을 수 있으며 어떤 감동으로 남을 수 있으랴?

이 핸드백은 화가인 오빠가 1970년대 초 한국공예대전에 출

품했던 작품이다. 야광패자개를 5밀리 크기의 다이아몬드 문양 1천 5백여 개로 연결하여 만들어낸 세상에 단 하나밖에 없는 것이다. 빛이 밤에도 빛난다고 하여 야광패라 불리는 자개 핸드백, 이걸 들고 나가면 보는 사람마다 이런 핸드백이 어디서 났느냐며 화려한 광채와 독특한 소재에 감탄하곤 했었다.

조개껍질이 자개가 되기까지는 몹시 복잡한 과정을 거쳐야만 한다. 야광패나 멕시코패와 같은 것들은 모두 먼 바다 깊은 곳에서 건져 올려진 것들이다. 이것들을 적당한 크기로 잘라 그라인더로 수십 번 갈아내어 가장 아름다운 색채가 나올 때까지 얇게 한 것이 자개다. 자개는 저마다 각기 다른 광채를 지니고 있다. 그 광채가 참으로 다양하고 아름다워 어떤 보석보다 더 빛난다.

이 아름다운 빛을 지닌 자개를 머리카락처럼 가는 실톱을 이용해서 여러 가지 문양을 만들어 장롱이나 공예품에 붙여 옻칠을 하여 만든 것이 나전칠기다. 우리나라의 나전칠기는 통일신라시대 가야지방에서 출토된 '나전 단화 금수경(국보 제140호)'이 있는 걸로 보아 이미 천여 년 전부터 발달되었다고 보아진다.

고려시대의 것으로 보이는 여러 가지 문방용품에는 자개를 박아 만든 상감기법의 물건들이 발견되기도 했다. 또 문헌상의 기록으로는 11세기 고려의 문종이 요나라 왕실에 나전칠기를 선물로 보냈다는 「동국문헌 기록」이 있다.

나전칠기 제품은 화려하고 아름다울 뿐만 아니라 그 빛이 아무리 오래되어도 변하지 않는다. 요즘에도 우리나라에 외국손님이 오면 나전칠기의 공예품을 선물하는 일이 많다.

오빠는 이 핸드백을 상용화 시킬 목적으로 사출기를 이용하여 찍어내는 방법을 생각해 내고 금형 틀을 맞추어다 찍어냈다. 그러나 자개는 성질이 강하고 단단하여 금형기가 망가지기도 하고 자개는 다 부서져 온전한 것이 나오지 않았다. 값비싼 자개만 수없이 없애고 결국 상용화는 포기하고 말았다.

그러나 오빠가 시도했던 방법이 마냥 무모하고 쓸모없는 것이 아니었다. 몇 해 후 우리나라는 나전칠기 붐이 일었었다. 부동산 투기 열풍이 일고 주택들이 고급화되면서 새집을 장만하면 으레 수백에서 수천 만 원을 들여 장롱과 삼층장, 문갑과 화장대까지 자개로 만든 가구 일습을 들여놓았다. 자개는 점점 화려한 문양들로 장롱 문짝과 삼층장에 가득 깔리게 되었다. 일일이 가늘고 작은 톱질로만 완성하던 자개 주름질을 오빠가 시도하던 사출방법을 이번에는 남동생이 다시 시도했다. 여러 가지 시행착오 끝에 드디어 섬세하고 아름다운 문양을 마치 톱질을 하여 오려내듯 찍어내는데 성공했다.

손이 가장 많이 가는 어려운 당초문양이나 꺾음질과 만자 문양과 거북 문양 등이 완벽하게 나왔다. 일일이 톱질을 하던 때와는 다르게 대량으로 찍어 낸 조각들을 붙인 물건이 불티나게 팔렸다. 바로 자개 핸드백이 집안을 일으키게 하는 계기가 된 것이다.

나는 지금도 여전히 찬란한 빛을 발하고 있는 자개 핸드백을 꺼내어 닦는다. 다이아몬드 하나하나에서 오빠의 얼굴이 어른거린다. 어려서부터 유난히 재주 많고 천재적인 그림 솜씨를 지녔던 오빠, 젊은 나이에 일찍 세상을 떠나 부모님 가슴에 못을 박았지만 그의 독특하고 참신한 창의성이 남은 가족에게 큰 힘이 될 줄이야. 그가 남겨준 유일한 유산인 세상에 단 하나뿐인 자개 핸드백, 내게 이 핸드백이야말로 세상의 그 무엇과도 바꿀 수 없는 참으로 귀한 보물이다.

꿈꾸는 사람들

"무슨 줄이 저리 길게 늘어서 있담? 무슨 대박집인가?"

아직 점심시간도 이르니 소문난 식당도 아닌 거 같고 남녀 젊은이와 중년들도 고루 섞여 있으니 무료급식소도 아닌 거 같은데 길게 늘어 서 있는 줄이 궁금하다.

차를 멈추고 궁금증을 풀고 가고 싶은데 동행한 분의 말이 아마 복권 명당 집일 거라고 한다.

"설마요, 무슨 복권을 사려고 저렇게 길게 줄을 서서 산단 말이에요?" 내 말이 끝나기도 전에 "맞네, 저 집이 바로 방송에도 소개되던 바로 그 집이네요." 한다.

그곳은 복권을 파는 조그만 편의점인데 간판과 현수막이 요란하다.

'25번째 1등 당첨!! 18억 5천만 원, 다음 주인공은 당신입니다.'

오늘이 금요일이어서 줄이 길 것이라는 설명까지 듣고 보니 이곳 이야기는 나도 방송에서 얼핏 본 기억이 난다. 리포터가 수맥이 흘러서 그 기운으로 복권 당첨 확률이 높은 곳이 아닌가 하는 생각이 든다고 소개했다. 복권을 사기 위해 멀리 지방에서까지 올라오고 인터넷으로 주문하기도 한다는 이야기였다. 그때는 별일이네 하고 말았는데 긴 줄을 직접 보고나니 복권에 대한 열망들이 대단하다는 것을 느끼게 되었다.

복권 하면 생각나는 일이 있다. 오래전에 어느 집회에 참석했는데 한 성도의 기도제목이 복권 당첨이었다. 복권만 당첨되면 반은 뚝 떼어서 헌금을 하겠다는 조건도 붙어 있었다. 그때 집회를 인도하던 목사님이 그럼 복권은 샀느냐고 물었더니 아직 사진 않았는데 이제부터 사려고 한다 했다. 그러자 먼저 복권이나 사고 그런 기도를 하든지 말든지 하라면서 하나님이 그런 기도는 안 들어 주신다고 해서 집회 기간 내내 우리를 웃게 만든 일이 있었다.

그러나 그 성도만 그런 기도를 한 게 아니다. 교회를 다닌지 얼마 안 되어서다. 내가 다니던 교회가 새로 건축을 하기 위해 헌금을 작정하고 모두 기도하는데 나는 헌금을 작정할 수가 없었다. 집에서 보내오는 돈으로 형제들끼리 자취하고 있는 처지에 무슨 돈이 있어 헌금을 작정하겠는가. 그 두렵 주택복권이라는 게 처음 생겼다. 다들 관심이 많았다. 나도 복권 열장을 샀다. 얼마가 되든지 당첨만 되면 몽땅 건축헌금으로 내겠노라고 하나님과 흥정도 했다. 첫 번째 산 복권에서 얼마의 작은 금액이 당첨이 되었다. 아, 기도가 통하는구나 생각했다. 그 금액을 몽땅 다시 복권으로 바꿔 왔다. 그리고 이번에는 진짜 큰돈이 당첨되게 해 달라고 기도했다. 그런데 므두 꽝이었다. 그때 얼마나 어리석은 기도를 했는가를 회개하며 다시는 복권 근처에도 가지 않았다.

일본 규슈지방의 사가현에서 10분 정도 배를 타고 가면 다카시마라는 작은 섬이 있다. 이 작은 섬에 아무 구경거리도 없는데 연간 20만 명의 사람들이 찾아온다. 이유는 바로 복권을 사기 위해서다. 이 섬에는 '호오토신사'라는 복권 신사가 있다. 일본인들은 미신을 좋아해서 신사가 전국적으로 수만 개가 있다고 한다. 그런데 복권신사는 이곳에만 있단다. 사람들은 이곳에 와서 복권을 사는데 그것도 고양이가 가르쳐준 복권 주머니를 선택해서 정성껏 기도하고 사서 맞춰본다. 이들의 복권 당첨에 대한 염원은 참으로 대단하다.

복권의 역사는 아주 오래 되었다. 고대 이집트의 파라오 시대부터 있었다는 기록이 있다. 동양에서도 B.C 100년경에 중국의 진나라에서 만리장성 건설과 국방비를 마련하기 위해 '키노'라는 게임이 있었다. 그 이름을 본 따서 지금도 인터넷에 '키노'라는 게임이 있다. 또한 로마시대에는 로마 복구 자금을 마련하기 위해 아우구스투스황제가 시행했다. 이처럼 복권은 처음부터 어떤 기금을 마련하기 위해서 시행되었다. 복권을 사는 사람들은 당첨을 꿈꾸며 사지만 자신이 산 복권 중 상당한 금액이 목적한 기금으로 쓰이기 때문에 어찌 보면 하나의 기부가 되기도 한다.

나는 주변에서 복권당첨이 되었다는 사람을 한 번도 만난 적이 없다. 당첨되는 사람이 드무니 만나기도 힘들겠지만 당첨이 되어도 모두 쉬쉬한다고 한다. 또한 당첨된 사람들을 추적해 보면 제대로 잘 사는 사람이 적다고 한다. 갑자기 생긴 큰돈이 오히려 화가 되어 불행해진 사람들이 있다는 거다. 그러나 실제로 1등 당첨자 중엔 선망의 대상이 되는 강남의 최고급 아파트에 살고 있는 사람도 있더라는 조사도 있었다.

복권은 경기가 없고 살기가 팍팍할 때 더 많이 팔린다고 한다. 생활이 어려움에도 불구하고 한 주도 거르지 않고 매주 복권을 사는 사람들이 있다고 한다. 로또 당첨은 벼락을 맞을 확률보다 더 낮다는 것을 뻔히 알면서도 여전히 매주 복권을 사는 사람들. 이들을 꼭 허황된 꿈을 꾼다고 나무랄 수만은 없다. 복권을 사서 손에 쥐는 순간부터 그 수억 원의 돈이 내 손에 들어온 것 같은 상상을 해보는 것은 하나의 기쁨일 수도 있다. 있어도 그만 없어도 그만인 작은 투자로 큰 행운을 매주 꿈꾼다는 것이 그리 나쁠 것 같진 않다는 생각을 긴 줄을 바라보며 해본다.

빛나는 태양처럼

해, 해, 해, 수많은 해가 찬란히 빛나고 있다. 호수에서 강에서 둥그렇고 길게 찬란히 빛나는 해와 해 그리고 또 해….

밤비행기를 타고 시드니 공항에 착륙하기 위해 비행기의 고도가 낮아지자 밖을 내려다보니 아래엔 눈이 부시게 수많은 해들이 빛나고 있다. 하늘엔 하나의 해가 떠 있건만 땅엔 호수마다 강마다 하늘의 해만큼이나 크고 밝은 해가 눈이 시리게 환하다.

아이들을 만나기 위해 작은딸과 함께 시드니에 갔다. 밖에서 기다릴 아이들 생각을 하면 단 몇 분도 아쉬운데 입국장에 늘어 선 줄은 길고 직원들의 손길도 느리기만 하다. 한참을 걸려 짐을 찾아 나오니 한 시간 이상 기다렸을 아이들이 눈에 들어온다. '아이고, 예쁜 내 새끼들!' 얼마나 보고 싶던 아이들인가?

사랑스런 나의 아이들. 2년 만에 만난 아이들은 키보다 생각이 더 훌쩍 자랐는가 보다. 많이 성숙한 모습이다. 이젠 유아들의 모습이 아닌 소년처럼 씩씩해 보인다.

집에 도착하니 아이들은 여기저기 집 구경부터 시켜준다. 예상 밖으로 단정하고 깨끗하다. 모든 게 차분하고 질서 있고 따뜻한 게 어디 한구석 부족해 보이지 않는다. 뒷마당이 무척 넓다. 그곳에서 두 아이들은 공도 차고 배드민턴도 하고 큰 나무에 매달린 그네에 올라가 놀기도 하며 자유롭게 잘 지내고 있었다.

초등학교 3학년인 큰아이는 재주가 무척 많다. 특히 노래를 아주 잘한다. 맑은 미성에 아주 고음까지 올라간다. 학교에서 합창반과 밴드부에서 활동 중인데 얼마 전엔 시 대항 경연대회에서 1등을 했다고 한다. 14곡이나 되는 곡을 이모의 피아노 반주에 맞춰 들려준다. 감동이다.

작은아이는 축구를 아주 좋아한다. 학교에서 축구부인데 공을 다루는 솜씨가 여간이 아니다. 축구공을 양발로 10번은 드리블 할 수도 있다면서 시범을 보이려 애쓰는 모습이 무척이나 귀엽다.

두 아이의 성향이 판이하게 다르다. 그런데 서로가 서로의 장점을 배워가고 있다.

차분하고 조심성 많은 큰아이는 작은아이의 적극적이고 열정적인 모습을 조금씩 닮아가고, 작은아이는 형의 신중함과 차분함을 닮아가며 아주 조화로운 한 쌍처럼 잘 자라고 있다. 아이가 둘이어서 얼마나 다행이고 감사한지 모른다. 친구처럼 서로 정답게 의논도 하고 함께 뛰기도 하고 함께 공부하며 지낼 수 있다는 게 정말 좋다.

"나 할머니 하고 같이 잘 거야."

큰아이도 작은아이도 서로 같이 자겠다고 한다. 큰아이야 내가 몇 년을 키웠으니 아무래도 할머니 정이 더 각별하겠지만 작은아이는 내게 그리 담뿍 안기는 아이가 아니었다. 돌 무렵에 엄마를 잃어 친가에서 주로 자랐고 몇 년 한국에서 지내는 동안 매주 토요일이면 제 아빠와 함께 우리 집에 왔었지만 늘 제 아빠의 손에서만 빙빙 돌거나 형만 따라 다녔지 내겐 잘 오려고 하지 않았다. 엄마가 없으니 외가에 정을 못 붙이는구나 생각했는데 그렇지가 않다.

늘 참고 속으로만 생각하는 큰아이보다 자신의 감정표현을 더 확실하게 한다. "할머니 핸드폰에 엄마 사진 있어?" 하더니 내 핸드폰을 뒤진다. 분명 아이들과 함께 있는 사진이 내 폰에 있었는데 언제 비웠는지 없다.

"나 엄마 사진 한 장 있어."

수백 장의 사진 뭉치 속에서 자기를 낳던 날 병원에서 아이를 곁에 두고 찍은 제 엄마의 사진을 꺼내 보여준다.

"나 우리 엄마 이름도 알아. 박○○이야. 이모하고 똑 같지?"

나도 엄마가 있었다고 하는 아주 자랑스러운 말투다. 그 사진이 아이의 손에 있을 줄은 몰랐다. 그리고 엄마에 대해 이렇게 잘 알고 있을 줄도 몰랐다.

아이들이 많이 컸구나. 이렇게 다 말해주고 알게 해주었구나. 새삼 사위가 고마웠다. 아이와 함께 참으로 오랜만에 함께 잔다. 작은아이를 낳았을 때 산후바라지를 하러 와서 40일을 품에 안고 잤었는데 그때 이후 처음이다. 아이를 그때처럼 품에 안고 잔다. 아이는 아주 행복한 모습으로 잠이 든다. 의젓한 형다운 큰아이는 슬그머니 이모의 곁으로 가며 동생에게 할머니를 양보한다.

딸이 없는 딸네 집엔 6년이 지났건만 딸만 없고 모든 게 다 그대로다. 냉장고와 침대, 그리고 소파와 이부자리, 온갖 그릇들이며 살림살이 모두가 다 내 손으로 직접 사준 것들이다. 살림 하나 하나에서 딸의 체취를 느낀다. 이리저리 동동거리며 두 아이를 돌보는 딸의 모습을 그려본다. 아이들과 행복하게 웃으며 음식을 만들어 주는 모습을 그린다. 아이들이 엄마와 함께 뛰노는 모습을 그린다. 수많은 그림들을 그린다. 그린다. 또 그린다.

아이들과 함께 지내는 며칠 동안 우리는 많은 추억을 만들었다. 함께 여행도 하고 함께 뛰놀며 함께 웃어가며 신나게 지냈다. 아이들이 많이 자라 어디를 가더라도 오히려 우릴 안내한다. 이동 중에도 차안에서 계속 게임도 하고 끝말잇기도 했다. 영어 끝말잇기를 하다가 내 발음이 웃긴다고 두 아이들이 어찌나 웃으며 놀려대는지 할머니 망신을 톡톡하게 샀다.

아이들을 보면서 세월이 얼른 갔으면 좋겠다는 생각을 한다. 5년만 더 지나도 아이들이 훨씬 수월하겠다는 생각이다. 뭐 엄마에 대한 그리움이야 세월이 간다고 덜해지랴마는 그래도 좀 자라면 나아지지 않을까 해서다. 말없이 방에서 잘 나오지도 않는 사위를 보면 가슴이 먹먹하고 쓰리다. 단 한 번이라도 엄마를 불러보는 것을 소원하는 아이들을 보면 딸을 먼저 보낸 내 서러움은 오히려 사치 같다.

작은 돌멩이도 나뭇가지도 무엇이든 다 놀잇감으로 신나게 놀이를 만들어 가며 밝고 환하게 잘 자라고 있는 아이들을 바라보니 남겨진 것들에 감사키로 작정한다. 하늘에서 내려다본 수많은 밝은 태양처럼 찬란히 빛나는 나의 아이들. 하늘엔 언제나 밝은 태양이 있기에 호수마다 강마다 그리도 찬란한 해가 담겨 빛나듯이 아이들 안에 제 엄마의 사랑이 담겨 아이들을 빛나게 만들 것으로 믿는다.

새가 된 박주가리

남양주로 이사를 온 후엔 주로 황금산을 오르내린다. 집을 나서 20분이면 오를 수 있는 작은 산이다. 큰길을 건너 잠시 오르기만 해도 벌써 분위기가 다르다. 길가엔 여러 가지 야생화가 피어 있다. 요즘엔 박주가리 꽃이 한창이다. 아무 나무나 줄기를 타고 올라가서 담홍색 예쁜 꽃무더기를 달고 있다. 하트 모양의 초록 잎새 사이로 자잘한 꽃차례를 잔뜩 달고 있는 박주가리 꽃에서는 내가 가장 좋아하는 라일락의 향기가 난다. 무성한 나뭇가지 사이나 풀 속에 숨어 있어도 박주가리 꽃의 향기는 금방 알아차릴 수 있다.

박주가리 꽃 몇 송이를 따다가 식탁에 꽂으니 온 집안에 향기가 가득하다. 꽃 이름 중에 생뚱맞다 싶은 게 바로 박주가리다. 담홍색의 아주 작은 별들을 모아 놓은 것 같은 박주가리의 꽃은 아주 예쁘다. 꽃을 자세히 들여다보면 아기 솜털 같은 보송보송한 털도 나있다.

박주가리는 박쪼가리라는 말의 변형이라는데 고향에서는 쪼가리라는 말은 조각나고 부스러기 상태여서 아주 하찮고 쓸모없는 것을 ○○쪼가리라고 이름 하였다. 헝겊 쪼가리. 떡 쪼가리.

그런데 아무리 봐도 별처럼 반짝이며 그윽한 향기를 품고 있는 이렇게나 예쁜 꽃 이름에 왜 하필이면 쪼가리라는 말을 붙였는지 나는 불만이다.

박주가리는 가을이면 여주처럼 생긴 열매가 열린다. 겉이 오돌토돌한 돌기가 있고, 덜 익은 파란 열매 속에는 하얀 유액이 담뿍 들어 있다. 열매가 익으면 갈색이 되고 벌어진 속을 잘라보면 그 속에는 은빛처럼 반짝이는 보드라운 솜털이 가득 들어 있었다. 박주가리라는 이름은 열매가 익어 쪼개지는 모습이 박이 쪼개지는 모습을 닮아서 붙여진 이름이라는 말이 있다. 하긴 모든 식물의 이름이 열매를 보고 지어지지 꽃을 보고 그 열매를 어찌 짐작이나 하겠는가.

어릴 때 길거리에 나서면 박주가리가 아주 흔했다. 가을이면 벌어진 갈색열매 속에 들어 있는 솜털을 손으로 살살 긁어모아 작은 주머니 속에 모으곤 했다. 모아 둔 솜털로 바늘 쌈지나 도장밥을 만드는데 쓴다고 어른들은 말씀 하셨지만 나는 그냥 모으기만 했지 딱히 무얼 만들었던 적은 없다.

굳이 무엇에 쓰지도 않으면서 박주가리 열매만 보면 으레 따다가 솜털을 모으곤 했는데 어느 날은 그 솜털을 입에 대고 후 날려 보내 보았다. 솜털은 거침없이 훨훨 날아갔다. 비눗방울을 날리듯 솜털을 후후 날리는 재미에 빠졌다. 가을 햇살 속에서 반짝거리며 날고 있는 솜털은 수많은 새들이 춤을 추며 날아가는 모습 같았다. 멀리멀리 날아가는 솜털에서 자유로움을 느끼고 그 솜털에게 나의 꿈과 아직 가보지 못한 세상의 이야기를 들어보고 싶은 생각이 들었다.

날려 보낸 박주가리의 솜털들은 어느 세상으로 갔을까. 어쩜 외롭게 홀로 살아가는 어느 노인의 담장 밑에 자리 잡고 앉아 그 노인을 위로하는 향기로 살아갔을지도 모르겠다. 외딴 섬의 바닷가에 주저앉아 갈매기의 노랫소리에 맞춰 뜨거운 여름날을 보내고 있을지도 모르겠다. 길섶에 앉아 옛 추억을 나누고 있는 어느 여인과 고향 이야기를 나누고 있는지도.

'먼 여행'이라는 꽃말처럼 세상의 이곳저곳을 여행하며 만난 수많은 사람들의 넋두리를 들어주는 넉넉한 마음으로 자리를 잡고 앉았겠지. 어느 아이가 거미에 물려 상처가 덧나면 자신의 이파리를 넉넉히 내어주며 발라보라고 했을 것이다. 뱀에 물려 허둥대며 소리치는 이에게도 이파리를 흔들며 어서 찧어 바르라고 재촉했을 것이다. 봄철 입맛 잃은 아낙들에게 새로 나온 연한 순을 가져가서 먹어보라고 제 몸을 꺾어 가도 슬그머니 모른 척했을 것이다.

들에 나간 농부가 낫질을 하다 손을 베어 피를 뚝뚝 흘리면 속살을 뒤집어 솜털을 내어주며 어서 지혈을 하라고 이르기도 했을 것이다. 가을날 열매가 주렁주렁 열리면 사람들은 그 열매를 따다가 설탕을 넣고 청을 만들어 먹기도 하지. 남성들의 자양강장제란다. 그때도 박주가리는 아낌없이 주었을 것이다.

몸을 내어준 게 어디 사람에게 뿐이겠는가. 벌과 나비. 거미들까지 박주가리의 꽃에서 꿀을 얻고 생명을 얻어 갔다. 서가 된 박주가리는 온천지를 다니며 이렇게 자신의 꿈을 이루며 한 해 한 해를 신나게 살아가고 있다.

오랜만에 만난 박주가리로 인해 나는 어린 날에 꾸었던 수많은 꿈들을 다시 한 번 담아보며 행복한 여름날을 보내고 있다.

빛의 놀이터

'태초에 하나님이 천지를 창조하시니라. 땅이 혼돈하고 공허하며 흑암이 깊음 위에 있고 하나님의 신은 수면에 운행하시니라. 하나님이 가라사대 빛이 있으라 하시매 빛이 있었고….'

그냥 어둠이었다. 난생처음 만난 완벽한 어둠. 잠시 눈을 감고 앉았다. 어둠에 동공이 열리기를 기다렸다가 서서히 눈을 떠 본다. 그리고 천천히 앞으로 더듬거리며 걸어간다. 그때 안개 속에 흐릿한 빛이 나타난다. 그 안개 빛 속으로 내가 들어간다. 손을 휘저어 흐릿한 빛을 만져본다. 순간 천지창조의 경이로움이 느껴진다.

빛의 마술사 제임스 터렐이 만든 캔버스 안에 잠시 머물다 왔다. '설명하려 들지 말고 그냥 느끼는 대로 받아들이라'는 그의 말마따나 이 느낌을 뭐라고 설명할 수가 없다. 다만 가슴에 깊이 그리고 오래 남을 감동일 뿐이다.

한양수필이 창립된 지 27년 만에 문학기행을 나섰다. 예술의 섬 나오시마다. 젊은이들이 떠나고 노인들만 남은 쓸쓸한 섬이 한 기업가의 손에 의해 현대미술의 성지로 변한 셈이다. 이곳은 현지 일본인들이 꼭 가보고 싶어 하는 곳으로 각광 받을 뿐만 아니라 외국인들도 아주 많이 찾는다.

섬 전체를 예술품으로 만든 아이디어와 특히 베네세하우스와 세계적인 건축가 안도 타다오의 지중미술관은 모든 사람의 찬사를 받기에 조금도 부족함이 없었다. 나는 많은 예술품과 모네의 진품작인 수련에서도 가슴에 먹먹해 오는 감동을 받았지만 마을 주민들이 다 참여하여 만든 이에프로젝트의 하나인 남사 체험에서 또 다른 깊은 감동을 받았다.

남사 프로그램은 '미나미데'라는 절을 안도 타다오와 제임스 터렐의 손길을 거쳐 새롭게 탄생한 하나의 빛의 체험 공간이다. 빛을 예술의 도구로 사용한다는 것은 특별하다.

제임스 터렐, 그는 우주의 근원에 대한 나름의 해석을 빛을 통하여 제시하는 작가다. 하늘의 빛을 감상하게 하며 그 빛을 새롭게 제시하기 위한 작품들을 꾸준히 만들어 왔다. 빛을 감상한다는 것은 무한한 우주의 색을 느끼게 해준다. 빛 속에는 온갖 자연의 색깔이 다 들어있다. 자연이 연출할 수 있는 온갖 색깔들이 말이다.

지중미술관에서 만난 '오픈필드'에선 벽에 파란색을 영사한 것처럼 보였다. 그러나 실제로 가까이 가보니 그 안으로 들어갈 수 있었다. 마치 동화 속의 세상으로 들어가는 느낌이었다. 파란색의 오픈 필드가 보여주는 일종의 빛의 마술인 것이다. 보기보다는 느끼게 하는 빛의 놀이라고 할까.

내가 어릴 때 살던 옛집엔 부엌 아래에 지하실이 있었다. 이 지하실은 방공호라고 들었다. 보통 때는 나무판자가 덮여있어 지하실이 있는지 잘 모른다. 내가 부엌에서 쿵쿵 뛰면 엄마는 '방공호에 빠질라 부엌에선 뛰지마라'고 자주 일러주셔서 방공호가 있는 걸 알았을 뿐 한 번도 방공호 속을 들여다 본 적은 없었다.

호기심이 많았던 나는 그 방공호 속이 늘 궁금했다. 부엌 바닥을 돌아다니는 개미들은 밤낮없이 방공호로 떼를 지어 드나들었다. 제 몸뚱이보다 몇 배는 더 큰 먹이를 물고서도 개미들은 하루에 수십 번씩 드나들었다.

가끔 그곳에서 풀이 돋아나기도 했다. 방공호 속에 아마 내가 모르는 무언가가 숨겨져 있는 것만 같았다. 나는 그곳에 들어갈 기회를 노렸다.

부모님이 안 계신 어느 날 친구들과 숨바꼭질을 하다가 방공호 속으로 숨을 생각이 들었다. 방공호는 생각보다 그리 크지도 깊지도 않았다. 부엌바닥의 판자를 몇 장 옆으로 밀자 계단이 세

개쯤 있는 작은 사다리가 놓여 있었다. 그 작은 사다리를 타고 내려가니 커다란 항아리 하나와 가마니가 놓여 있을 뿐 아무것도 없었다.

막상 방공호 속에 들어가니 와락 무섬증이 들어 그냥 나가려고 하는 데 판자 틈 사이로 햇살이 들어 와 긴 선을 만들고 있었다. 그 햇살이 비치는 곳에 참외 싹이 자라서 바깥까지 나가 있는 것이 눈에 띄었다. 노란 꽃까지 피어 있는 그 모습을 보자 별안간 무섬증도 사라졌다.

나는 그날 이후 방공호 속에는 많은 생명의 씨가 있다고 믿었다. 그리고 해님은 생명의 씨가 있는 곳엔 어디든 찾아다닌다고 생각했다. 저녁나절이면 판자 틈으로 들어오는 햇살을 따라 방공호를 훔쳐보는 시간이 늘었다.

그때 처음으로 빛의 신비로움을 만났다. 항아리에 비친 햇살이 방공호의 한쪽 벽에 둥그런 흐린 빛을 만들며 안을 비추기도 했다. 송진 구멍으로 들어간 둥근 햇살은 너울너울 춤을 추는 것 같기도 했다. 일곱 살짜리 어린 계집아이의 눈엔 다 요술처럼 신비롭기만 했다.

아마 이때부터였던가. 나는 자주 어두운 공간에 앉아 나만의 상상의 세상에 들어가기를 즐겨했다. 그러나 내가 할 수 있는 빛의 놀이라는 게 만화경을 만들어 본다든가 아니면 거울을 이용하여 되쏘아 보는 것이 고작이었다.

이곳 남사에서 뜻밖에 만난 제임스 터넬의 이 작품 안에 들어서고 보니 그날의 방공호가 다시 그려지고 어둠과 빛에 대한 새로운 감동으로 가슴이 뛰었다.

우리나라에도 안도 타다오와 제임스 터렐이 함께 만든 작품들이 있다. 원주에 있는 '뮤지엄 산'이다. 한 제지회사가 두 사람에게 의뢰하여 만든 박물관과 미술관을 겸한 공간이다. 이곳에 있는 제임스 터렐의 작품 속에서도 빛은 무한한 상상력과 경이로움을 안겨주고 있다. 그가 빛을 바라보게 만들어 놓은 창은 일종의 캔버스다. 그 캔버스에서 우주의 색이 빛나고 있다. 거기에는 저마다 느낌이 다른 수많은 언어들이 들어있다. 어떤 하나의 말로 묶어낼 수 없는 다양하고 무한한 색들이 우주를 가득 채워가고 있다. 진정한 예술품에는 틀에 박힌 해설이나 설명이 필요 없다. 더군다나 이런 빛의 공간 안에서는 더더욱 말할 것이 없다. 그냥 느끼는 대로 생각하는 대로가 바로 정답이 된다. 참으로 많은 것을 얻을 수 있는 빛의 놀이터다.

홍시

냉동실엔 아직도 20여 개의 홍시가 들어있다. 지난가을 친구가 보내준 대봉 감을 냉동실에 하나씩 포장해서 넣어둔 것이다. 친구는 매년 가을이면 감을 큰 상자로 가득 보내준다. 직접 농사를 지은 것도 아니면서 한 해도 거른 적 없다.

나는 이 감을 일 년 내내 어머니에게 갖다 드리곤 했다. 친정 부모님들은 홍시를 아주 좋아 하셨다. 아버지가 살아계실 적에는 가을이면 대봉을 두어 접씩이나 사서 안방 벽장 안에 넣어두고 겨우내 드셨다. 우리들은 안방의 홍시는 응당 부모님만 잡수시는 것인 양 아무도 넘보지 않았다.

어머니가 몇 해 째 요양병원 생활을 하시는 동안 어머니를 뵈러 갈 적마다 홍시를 가지고 갔다. 냉동실에 얼어있던 홍시는 어머니께 도착할 때쯤이면 먹기 좋게 녹아 있었다. 말랑말랑한 홍시를 숟갈로 떠 넣어 드리면서 "엄마, 이거 순천에서 내 친구 혜경이가 보내 준거야." 하고 말하면 "아이고 고맙구나! 참 달기도 하다. 넌 이렇게 매번 얻어먹으면서 그 친구에겐 무얼 보내니?" 늘 같은 말씀을 되풀이 하며 아주 맛나게 잘 잡수셨다.

어머니는 내 친구 혜경이를 까맣게 잊어버렸을 것이다. 그러나 홍시를 먹을 때만은 내 친구 누군가가 보내 주었다는 걸 알고 고맙다는 말을 빼놓지 않으셨다. 그렇게나 달게 잘 잡수시던 홍시를 두어 달 전부터 못 드셨다. 작은 숟가락으로 조금씩 넣어드려도 넘어가질 않았다. 미음처럼 묽게 쑤어 간 죽다저 삼키질 못했다.

하는 수 없이 콧줄을 끼우고 유동식을 넣어 드리게 됐다. 영양제를 계속 놓아 드리고 회복을 위해 애를 써 봐도 한번 쇠약해진 몸은 회복되질 않았다. 눈 뜰 기운조차 없는지 아무리 어머니를 부르고 얼굴을 어루만져도 눈 한번 제대로 뜨지 못하셨다.

어머니의 생명이 사그라지는 모습이 역력해 보였다. 우리는 어머니의 마지막 가시는 모습을 지켜보면서 천국 문을 열고 어머니의 영혼을 받아 주실 것을 기도하였다. 기도 중에 어머니는 스르르 숨을 거두셨다. 마치 삭은 지푸라기에 타고 남은 불씨가 시나브로 사그라지는 것처럼 그렇게 떠나셨다.

“어머니가 참 미인이셨네요.”

고운 한복 차림의 영정사진을 바라보며 문상객들이 한마디씩 한다. 나는 우리 어머니가 미인이라는 생각을 한 번도 한 적이 없었다. 젊은 날의 어머니는 언제나 일에 동동거리느라고 얼굴에 크림 하나 제대로 바르지 못하고 사셨다. 고운 옷차림으로 나들이 하는 것도 거의 본 적이 없었다. 자식들 팔 남매에 열 식구를 돌봐야 하는 어머니의 손은 마를 틈이 없었다. 우리가 학교에 다닐 때는 도시락만 예닐곱 개를 싸야 했다. 그렇게 일에 절어 사는 어머니가 내 눈에는 언제나 일꾼으로만 보였다.

어머니는 가끔 우리에게 젊은 시절 일본에서 살 때 그곳 여자들이 당신을 보고 예쁘다고 무척이나 잘해 주었다는 말씀을 하셨다. 피부가 희고 뽀얗다고 부러워하기도 하고 서툰 일본말로 한마디만 해도 까르르 웃어가며 친근하게 대해주더란다. 서로 먹을 것이나 예쁜 핀을 선물로 주기도 하며 어떻게든 가깝게 지내려고 애쓰더란다. 그럼 나는 속으로 ‘뭐 스무 살의 어린 나이에 예쁘지 않은 색시가 어디 있담’ 하고 귓등으로 흘려들었었다.

“어머니가 미인이시네. 그래서 따님들이 모두 미인이구만.”

하는 말을 사람들에게서 여러 번 들었다. 그때마다 "구슨 미인은요. 그건 아니고…."라며 얼버무리며 그냥 인사말이라고 생각했었다. 헌데 한 친구가 "너보다는 엄마가 훨씬 더 미인이더라. 피부가 정말 곱고 콧대가 오뚝하니 서구적으로 생기셨어." 하는 말을 듣고서야 어머니를 찬찬히 봤다. 친구의 말처럼 어머니는 오뚝한 콧대에 잡티 하나 없이 희고 고운 피부를 가졌다. 어머니가 진짜 미인이네 하는 생각을 처음으로 하게 되었다.

어머니는 오랫동안 무릎과 허리가 많이 아프셨다. 날마다 병원 순례가 일과였다. 진통제를 달고 사셨다. 그러던 분이 요즈음에는 아픈 것도 느끼지 못하셨다. 일어날 수도, 걸을 수 없다는 사실도 인지하지 못하고 지내셨다. 걷지 못한 다리는 마른 나뭇가지처럼 앙상하게 가는 뼈만 남아 있었다. 그 앙상하기 짝이 없는 다리를 주무르고 따뜻한 물을 떠다가 마사지를 해드린다.

"아이고 따뜻하니 참 좋구나. 근데 힘드니 그만하라."

세상사 모두 잊어버려도 자식을 생각하는 맘은 여전했다.

병원 뜨락에는 봉숭아와 맨드라미 그리고 해당화가 가득 피어 있었다. 활짝 핀 꽃 앞에 휠체어를 밀고 가서 꽃 이름을 하나하나 묻기도 하고 알려 드리기도 한다. 어느 날은 신기하게도 꽃 이름을 많이 알고 계셨다.

“그래 이건 봉숭아구나. 손톱에 물들이는 거지?”

그런 기억이 아직 살아 있다는 게 신기했다.

“엄마, 이건 무슨 꽃이죠?”

“아, 그것도 모를까봐 그러니. 장미꽃 아니냐?”

옛집 정원에 가득했던 장미를 기억하고 계신 걸까. 이런 날은 어머니의 모든 게 정상인 듯한 느낌이었다.

어머니와 헤어질 시간이 되면 늘 함께 너희 집에 가자고 말씀 하시곤 했다. 그때마다 집으로 모셔가지 못하고 그냥 그곳에 남겨두고 오는 발걸음이 무척이나 무거웠고 정말 죄를 짓는 것 같았다. 부모는 열 자식을 다 건사해도 자식은 한 부모를 모시지 못한다는 말이 헛말이 아니었다.

어머니에겐 늘 돌덩이 같이 가슴에 담겨진 아픔이 있었다. 먼저 보낸 자식들이다. 그 아픔으로 인해 어느 한날 슬프지 않을 때가 없었다. 그러나 어머니가 기억을 잊으면서부터 그 아픔에서 헤어 나오셨다. 살아가면서 잊고 살 수 있다는 것이 축복일 수도 있구나 하는 생각을 많은 기억들을 잊어가고 있는 어머니를 보면서 가끔 했다. 아픈 기억들, 힘든 기억들을 잊는다.

이젠 아무것도 기억하지 못해도 상관이 없는 그곳, 아픔과 슬픔과 고통이 없는 그곳에서 먼저 간 아들 딸을 만나서 기쁨을 나누고 계실 듯하다. 어머니의 환하고 고운 웃음소리가 들리는 듯하다.

어머니! 이젠 가슴의 모든 멍에 다 내려놓고 편히 쉬세요.

허나 이 땅에선 다시 볼 수 없는 우리 어머니가 너무도 보고 싶고 그립다. 이젠 어머니와의 모든 것이 하나의 추억으로 하나의 풍경으로 남는다.

어머니! 나의 어머니 많이 사랑하고 사랑했습니다.

2.
바람이 분다

그 날

그날이 되면 나는 아무것도 할 수가 없다. 그저 넋이 나간 사람처럼 허둥대며 하루를 보낸다. 오늘도 딸이 누워있는 동산에 갔다.

유월의 산은 늘 푸르다. 나뭇잎마다 가장 활기차고 씩씩한 때가 유월이 아닌가 한다. 푸르디푸른 나뭇잎들이 반긴다. 하늘은 어쩌라고 저리도 맑고 푸른지. 기다렸다는 듯 뻐꾹새가 날아와 인사를 하고 간다. 동산에 수북하던 망초꽃이 올해는 잡초 제거 약을 뿌렸다더니 보이지 않는다. 잡초라지만 망초꽃이 흔들리는 모습이 보기엔 좋았는데.

함께 간 제 동생들과 예배를 드린다. 나의 첫 마디는 "하나님 감사합니다!"이다. 사랑하는 딸을 이 땅에 두지 않고 데려가신 것을 감사한다. 그리고 우리 모두 언젠가 그곳에 가서 만날 것을 믿으며 감사하고 그곳에서 영원히 살 것을 믿으며 감사한다.

이렇게 입으로 마음으로 감사하며 기도하지만 나는 여전히 가슴은 미어지고 눈엔 한없는 눈물이 내린다. 어미 없이 자라고 있는 어린 두 손자를 생각할 때마다 가슴이 아프고, 아내 없이 인생의 황금기인 40대를 쓸쓸하고 외롭게 홀로 보내고 있는 사위를 생각하면 심한 통증으로 견디기 힘들다.

사실 서른네 해를 살다 간 딸을 두고 감사하다고 하는 것은 어쩜 위선이라 할지도 모른다. 벌써 10년이 지났지만 가끔 통곡하며 하나님을 원망하고 싶고 누군가를 붙들고 넋두리하고 싶다. 그런데도 나는 말끝마다 감사하다고 하며 한마디 불평조차 하지 않고 살고 있다. 그저 의연하게 잠잠히 하루하루를 잘 살아가고 있다. 그렇게 살다가도 그날인 오늘이 되면 감정이 통제가 안 된다.

문학 동아리에서 오랜만에 나들이를 간다고 연락이 왔다. 아무렇지도 않게 나서서 갈 수가 없었다. 적당한 이유를 대고 못 간다고 했다. 내 마음은 아랑곳하지 않고 종일 카톡엔 사진이 올라온다. 열어볼 수가 없다. 무어라 답글을 달지 않았다. 한마디만 했다간 나의 힘든 마음이 저들에게 옮겨갈 거 같아서 그냥 눈과 귀를 닫았다.

며칠 전 고 노무현 대통령의 10주기를 맞아 수많은 사람들이 모여 거창한 추모제를 열었다. 어느 해보다도 더 많은 사람들이 멀리 떨어져 있는 봉하마을까지 찾아가 추모하는 모습을 보면서 많은 생각이 들었다. 그분이 자살하던 때엔 딸의 고통이 가장 극심하던 때였다. 텔레비전을 보던 딸이 안타까이 말했다.

"아니 저분은 왜 자살을 하지? 하루가 얼마나 소중하고 감사한데…."

딸은 건강한 사람이 목숨을 버리는 일을 이해하지 못했다. 견디기 힘든 고통 속에서도 하루하루가 아니 단 한 시간이 얼마나 소중하고 귀한가를 너무도 절절히, 자신에게 주어진 며칠 남지 않은 꺼져가는 생명의 불꽃을 은연 중 느꼈기 때문이다.

그날이 오면 제 동생들은 언제나 말을 아낀다. 아들은 매형에게 짧은 인사말을 보낸다.

"오늘도 평안하시길 바랍니다."

짧은 인사말이지만 그 안에는 다 내보이지 못한 많은 위로의 말과 함께 한없는 눈물이 담겨 있다.

얼마 전에 손자가 호주 시민권이 나왔다고 말했다. 시민권이 뭐 그리 중요한 건지는 모르겠지만 왠지 한발 더 멀어지는 생각으로 섭섭한 마음이 들었다. 하긴 그곳에서 살고 학교에 다니는데 시민권이 있어야 더 당당하리란 것쯤은 나도 이해하여 잘 되었구나 하고 말하면서도 마음이 그렇다는 거다.

집에 돌아와 손자에게 전화를 건다. 오늘이 무슨 날인지 알지 못하는 아이에게 그냥 일상을 묻는다. 아이가 더 자라면 쿨쌍한 제 어미의 기일을 기억하며 조금이나마 위로의 눈물을 흘려줄까? 그건 지나친 나의 기대일 것이다. 아이는 제어미의 아무것도 기억하지 못하는데 아무런 추억도 없는데 무엇을 추모한다는 말인가. 추도일이란 그 사람에 대한 것을 추모하는 날이다. 기억할 것이 없다는 것은 정말 슬픔이다. 어미와 함께 찍었던 사진을 보여주며 억지로 기억을 찾아주나. 아님 기록해 놓은 일기를 읽어주며 '너 아기 때에 엄마와 이렇게 지냈단다.' 하고 말해주어야 하나.

우리는 모두 아이들에게 엄마에 관한 이야기를 거의 하지 않는다. 엄마 이야기를 하면 얼마나 마음이 쓸쓸하고 그리울까 하는 안타까움에 그냥 하지 않는 것이다. 큰손자가 이제 중학생이 되었다. 사춘기에 접어든 아이가 혹여 마음 깊이 있는 상처로 인해 어긋날까 하는 조바심에 새벽마다 하나님께 더욱 간절히 기도한다.

요즘 큰아이의 가장 큰 관심은 k-pop이다. 그곳에서 열리는 어느 아이돌 스타의 콘서트 티켓을 예매하기 위해 아빠와 이곳에 있는 이모가 동시에 인터넷에 접속하여 기어코 표를 샀다고 신이 나 있다. 매주 화요일엔 학교에서 집까지 40분 거리를 걸어서 오는데 그 시간이 즐겁다고 한다. 집에 오는 동안 좋아하는 가수의 음악을 들으며 오기 때문이라나.

운동과 음악을 좋아하는 작은아이는 더 신나게 산다. 학교 밴드와 수영, 테니스, 축구로 전화할 적마다 바쁘게 지낸다. 오늘도 그저 나는 이 아이들에게서 위로를 받는다. 비록 딸아이는 이 세상에 없지만 사랑하는 두 아이를 남겨 주었으니 얼마나 감사한 일인가.

천금보다 더 귀한 우리 두 손자가 그저 아무런 구김살 없이 무럭무럭 잘 자라났으면 하고 기도한다. 어디서든 좋은 친구들과 좋은 선생님 만나 세상에서 가장 행복한 아이들로 자라났으면 하고 기도한다.

세세하고 구체적으로 일일이 고하며 나는 하나님께 떼를 써본다. 오늘은 무엇이든 다 들어주실 것 같다. 오늘이 바로 그날이니까.

사랑을 신다

그때 내가 살던 곳은 비만 오면 마누라 없이는 살아도 장화 없이는 살 수 없다는 동네였다. 이제 막 개발되어 신흥 주택들이 들어서는 곳이지만, 군데군데 밭농사를 짓는 농터가 많았고 도로는 제대로 포장이 되지 않아 비만 오면 발이 푹푹 빠지는 진흙투성이의 길이었다.

전에 살던 용두동과의 거리는 얼마 떨어진 곳이 아니지만 환경은 도시와 시골만큼이나 큰 차이가 났다. 버스는 30분에 한 대씩 다녀 출근시간부터 만원버스에 매달려 녹초가 되었다. 학교에 다니는 동생들을 데리고 자취를 하고 있던 때라 교통이 편리한 용두동에 사는 게 여러모로 좋았다. 그런데도 다니던 교회가 새로 답십리에 신축을 하여 옮기는 바람에 그냥 교회 따라 바로 옆집으로 이사를 했다. 이사하고 보니 날마다 출퇴근 하는 길이 너무 힘들었다.

그중 가장 힘든 것이 신발이 엉망이 되는 것이었다. 회사는 종로 한복판에 있는 빌딩인데 출근할 때면 흙투성이의 신발로 들어간다는 것이 어찌나 창피하고 민망한지 회사에 당도하면 화장실에 가서 신발부터 닦고 들어가곤 했다.

퇴근하고 나서도 제일 먼저 하는 일이 신발을 빨거나 닦는 일이었다. 지금처럼 신발을 수십 켤레씩 두고 신는 것도 아니어서 구두를 꼼꼼히 닦거나 운동화를 빨아 밤사이에 말려 신어야만 했다. 연탄불 부뚜막에 큰 물 솥을 얹어두고 그 주변에 운동화를 말리면 아침에 신고 나갈 수가 있었다. 그러나 어느 날은 운동화가 누렇게 타버린 경우도 있어서 그런 날이면 정말 울고 싶은 심정이었다.

부모를 떠나 객지에서 생활하는 게 한두 가지로 힘든 것이 아니었다. 살림이라곤 처음 하는지라 반찬도 제대로 할 줄 아는 게 없었고, 또 툭하면 연탄불이 꺼지는 바람에 번개탄을 가지고 연탄불을 피우는 일은 정말 힘들었다. 불을 피워 저녁을 지어 먹기에 너무 늦은 날이면 나는 염치 불구하고 옆방에 사시는 J권사님께 갔다. 연탄불이 꺼졌다고 하면 두말없이 연탄불을 꺼내 주셨다. 한창 이글거리는 연탄불을 얻어다가 저녁을 지어먹고 늦게까지 일을 하다 한밤중이 되어서야 잠을 잤다.

J권사님도 용두동에 사시다가 교회를 따라 우리와 함께 같은

집으로 이사를 오신 분이다. 지난해에 외아들을 잃으시고 홀로 쓸쓸히 지내시는 분인데 내겐 어머니처럼 여러 가지로 잘 돌봐 주시곤 하셨다. 아직 어린 나이에 살림살이에 직장생활, 그리고 밤에 학생 과외지도까지 하며 너무 애쓰고 사는 걸 안타까워 하셨다. 앞으로 연탄불은 시간되면 당신이 알아서 갈아줄 테니 신경 쓰지 말라고 당부하신 다음부턴 정말 한 번도 꺼지지 않게 봐주셨다. 밑반찬을 슬그머니 부엌에 갖다놓는 것은 예삿일이고 빨랫감을 거둬들여 손질해 놓아주는 일이라든지 엄마의 손길처럼 말없이 돌봐 주셨다.

겨울엔 아침마다 권사님이 이른 아침부터 연탄불로 따뜻하게 만져 놓으신 구두를 신고 다니기도 했다. 처음에는 내 신발이 따뜻하다는 것도 잘 몰랐다. 나의 아침은 늘 분주했다. 밥하고 도시락 챙기고 출근 준비하는 일이 여간 바쁜 게 아니었다. 아침마다 정신없이 허둥대며 출근하는 내게 권사님은 슬그머니 따뜻한 신발을 내어 놓으셨던 것이다.

버스 정류장을 향해 냅다 달리다가 구두가 차지 않다는 것을 알게 된 것은 권사님이 내 구두를 들고 서 계신 것을 보고 이상하다고 생각하다 깨닫게 되었다. 그러고 보니 그해 겨울엔 버스길까지 가는 동안 한 번도 발이 시리지 않았었다. 별안간 어머니가 보고 싶었다. 어머니도 겨울철이면 우리들의 신발을 늘 따뜻하게 해서 신기셨다. 여러 자식들로 많이 분주하고 바빴을 텐데도 어머니는 커다란 물솥 주변에 우리들의 신발을 쭉 얹어 두었다가 내주셨다. 그렇게 따뜻한 신발을 신으면 어머니의 사랑이 더욱 따뜻하게 느껴져 아침부터 기분이 아주 좋았다. 그런데 이 낯선 서울에 와서 살면서 어머니의 따뜻한 사랑을 권사님에게 받고 보니 눈물이 나도록 고맙고 감사했다.

퇴근길에 권사님에게 예쁜 털신을 하나 사다 드렸다. 어머니를 생각하며 사다 드린 것이다. 권사님은 무척이나 기뻐하시면서 정말 나를 친 딸처럼 귀애하셨다

이젠 우리나라 어느 곳에 가도 포장 안 된 길은 없다. 신발도 신발장이 모자랄 정도로 수십 켤레씩 두고 살아서 신발 때문에 울상을 짓거나 고생을 할 일도 없다. 그러나 가끔 사랑하는 사람의 신발을 만지작거리며 따뜻하게 만들어 내어놓던 그 사랑의 손길을 그려본다. 그 따스한 신발 안에 담겨 있는 그날 하루의 평안과 건강을 기원하며 내어 놓던 사랑의 마음들을 알고 있기에….

생명으로 가는 여정

신발을 벗고 천천히 관속으로 들어가 누웠다. 차가운 나무의 감촉이 등과 맞닿자 서늘한 느낌이 들었다. 잠시 후에 관 뚜껑이 닫혀 지고 못질하는 망치 소리가 들린다.

조금 전에 마지막 유언장을 작성했다. 가족과 교회의 교우들에게 남긴 유언장이다. 보통 유언장이라면 재산에 관한 이야기가 중심이겠지만 나는 자녀들에게 물려줄 만한 유산이 거의 없으니 평소에 담고 살아온 이야기만 적었다.

'사는 동안 하나님 잘 섬기고, 세상 사람들에게 비난당하는 일 하지 말고, 늘 감사와 기쁨으로 잘 살아가기를 바란다.

너무 슬퍼하지 말고 기쁨으로 하늘나라 환송을 해다오. 사랑한다!'고 썼다.

나는 지금 교회에서 사순절을 맞이하여 성금요일에 진행된

'관속 체험' 행사에 참여 중이다.

관 속은 생각보다 편안했다. 정말 이대로 하늘나라에 간다고 해도 크게 두렵거나 무서울 것이 없다는 생각이 들었다. 이미 오래전부터 나에게 죽음은 가깝게 생각하고 살아온 친숙한 단어였다.

어릴 때 우리 동네 어귀에 상여집이라는 게 있었다. 판자로 만든 건물 안에는 초상이 나면 빌려다 쓰는 상여가 들어 있었다. 상여는 울긋불긋한 칠로 단장이 되어 있었고 가장자리엔 여러 가지 인물들의 조각상이 있었다. 사람들은 다들 상여집을 피해 다녔다. 상여집에는 귀신이 산다고들 했다. 아이들은 상여집이라는 말 만해도 기겁을 했다.

나는 초상이 나서 상여가 나갈 때면 상여를 유심히 보곤 했다. 상여가 꽃처럼 예쁘게 치장을 하고 나갈 때면 꽃가마 같다는 느낌이 들었다. 누구나 다 이런 꽃가마 같은 상여를 타고 가는 것은 아니었다. 하얀 소복을 입은 것처럼 하얀 꽃으로 장식한 상여도 있었다. 그때는 요절한 젊은 색시의 상이라고 했었다.

부잣집은 상여를 빌리지 않고 직접 만들어 썼다. 온갖 화려한 장식을 다 해서 상여가 무척 예뻤다. 그런데 그 예쁜 상여가 장례를 마치면 산에서 태워졌다. 불에 훨훨 타는 상여를 바라보며 사람들은 망자가 하늘나라에 잘 갔다며 좋아했다.

아마 이때부터였을까? 삶과 죽음은 경계가 없는 느낌이었다. 누구나 죽는다는 것과 죽음 이후엔 이렇게 산에 장례를 지내겨 사라진다는 것이 자연스러운 순환의 이치처럼 느껴졌다.

그리고 살아가면서 육친과 형제와 자녀의 죽음까지 겪고 보니 정말 내가 어느 때 죽음을 맞는다 해도 조금도 이상할 것이 없는 너무도 자연스러운 일이라는 생각을 하게 되었다.

신앙생활을 하게 된 이후에는 더욱더 죽음에 대해 친숙하게 되었다. 죽음은 끝이 아니고 영원히 사는 천국을 향해 가는 여정의 시작이라는 믿음이었다.

어둠 속에 누워 있으니 문득 천국을 떠올리게 되었다. 그곳에는 사랑하는 사람들이 기다리고 있을 것이다. 나의 예쁜 딸도, 사랑하는 부모님도 만날 것이다. 앞서간 많은 성도도 만날 것이다. 할 말들도 많을 것이다.

'좀 더 살다 가면서 어떻게 살다왔다고 말할 거지?'

그때 주님의 음성이 들렸다.

'만약 이 시간이 진짜 너의 마지막이라면 너는 어찌할 거냐?'

죽음이 지금 닥쳐도 당당하게 맞이하겠다던 나는 갑자기 뜨거운 눈물이 쏟아졌다. 여러 가지 부끄러운 모습들이 순식간에 생각났다. 주님에게까지 정직하지 못하던 나의 모습, 여러 사람 앞에서 언제나 나만 의로운 척하던 모습, 오랜 믿음 생활이 타성이 되어 감동 없이 살아온 모습, 너무 뻔뻔한 모습들이었다.

얼마 후에 관 뚜껑이 열렸다.

“○○○ 권사님은 주님과 함께 주님의 날에 부활하실 것입니다.”

목사님의 선언이 있었다. 이 말씀은 단순한 선언이 아니었다. 내게 주어진 새로운 시간의 시작임을 알리는 출발신호였다.

그날 이후, 나는 진짜로 덧없지 않은 시간을 살아야겠다고 다짐했다. 하나님께서 내게 주신 생명은 단지 연장이 아니라, 그분 앞에 당당히 설 수 있도록 준비하는 은혜의 시간이라는 생각을 하게 되었다.

이제 나는 매일의 삶을 ‘죽음을 지나 생명으로 가는 여정’으로 받아들이려 한다. 오늘이라는 시간을 잠시 더 주신 하나님의 은총을 감사히 누리며.

연제의 숲길에서

얼마 전까지 간병인과 함께 아파트 주위를 산책하시던 304호 할아버지가 한동안 보이지 않으신다. 어쩐 일인가 물었더니 요양원으로 가셨다고 한다. 우리 아파트엔 어르신들이 많이 산다. 한동안 안보여서 알아보면 요양원에 가 계시고 얼마 지나 다시 알아보면 벌써 진즉 돌아가셨다고 한다.

마트 가는 길에 604호 할머니를 만났다. 늘 혼자서 걷기조차 힘들어 보이는 어르신이다. 할아버지가 치매로 집안에 계신데 당신조차 정신이 흐려서 사람을 쓰지 않고 사신다고 하소연하던 때가 얼마 전인데 오늘 만나 할아버지의 안부를 물었더니 열흘 전에 돌아 가셨다고 한다.

요즘은 같은 아파트에서 초상이 나더라도 알기가 힘들다. 요양원에서 바로 병원으로 가서 장례를 치르다 보니 그렇다. 홀로 힘들게 걸어가시는 할머니와 마트까지 동행을 하며 87세면 아직 더 사실 어른이신데 얼마나 슬프고 섭섭하시느냐며 위로의 말씀을 드렸더니 "뭐가 섭섭해요. 잘 돌아가셨지. 어차피 가실 분인데 덜 고생하고 가는 게 잘 한 거죠. 나도 더 이상 봐줄 수가 없더라고요."라며 정말로 섭섭하긴커녕 돌아가신 게 잘된 거라고 거듭 강하게 말씀 하시는데 뭐라 드릴 말이 없었다.

우리나라 평균 수명이 81세라는데 100세 시대란 말이 결코 헛말이 아니다. 그러나 오래 사는 것이 능사가 아니고 어떻게 사느냐가 가장 중요한 일이다. 80이 넘은 사람은 산에 있으나 집에 있으나 매한가지라는 말마따나 치매와 여러 질병으로 고생하는 노인들을 보면 604호 할머니의 말씀이 그리 냉정한 말도 아닌 듯하다.

얼마 전 102세의 김병기 화백께서 예술원 회원으로 선정되셨다. 김화백은 미술계의 살아있는 전설을 만들어 가고 계신 분이다. 지난해엔 '백세청풍 바람이 일어나다'라는 주제로 전시회를 열어 많은 사람들에게 큰 감동을 안겨준 일도 있었다.

우리가 알고 있는 미술계의 거장인 김환기, 이중섭과 함께 그림을 그리던 분인데 지금도 살아계셔서 여전히 그림을 그리고 전시회를 열 정도시니 대단하시다는 말로는 부족하다. 장수비결을 물으니 부정적인 생각을 버리고 긍정적으로 생각하는 것이라고 한다.

나는 몇 살까지 살 수 있을까? 김병기 화백처럼 100세가 넘도록 살 수 있을까. 그럼 무엇을 하고 어떻게 살아갈 것인가. 아무래도 인생설계를 새로 해봐야 될 거 같다. 첫째가 건강이니 건강을 어떻게 유지하며 지내야 되는가가 가장 중요할 것 같다.

가까이 지내는 어른 중에 금년에 86세의 어른이 계신다. 그 분은 깨어 있는 동안 잠시도 가만히 앉아 있는 법이 없으시다. 늘 움직인다. 서울에서 목포까지 손수 운전을 해서 매주 다니며 여전히 사업을 하고 계신다. 지방에 가서도 아침저녁 한 시간씩 걷는 걸 원칙으로 하고 사신다. 처음엔 당뇨 때문에 걷기를 시작했는데 이젠 일상이시다.

함께 걸어보면 젊은이 못지않다. 이렇게 활기차게 걸으며 사시는 이 어른도 아마 100세가 넘도록 열정적으로 활동하며 사실 것이 분명하다. 걷는 것은 몸의 전체 기능을 유용하게 한다. 맑은 정신을 주고 신체적으로도 건강을 주니 이보다 더 좋은 운동이 없는 듯하다.

나도 걷기를 열심히 한다. 매일 새벽기도가 끝나면 우리 동네 송파 소릿길로 나선다. 외곽 순환도로를 따라 난 야트막한 작은 산자락 길이다. 여러 종의 꽃나무들과 사철나무가 잘 어울리게 조성되어 있고 흙길과 가마니를 깔아 만든 길이 걷기에 아주 편안하다.

이 길에서 날마다 많은 것들을 만난다. 입구에 들어서면 메

타세쿼이아 나무들이 도열해있다. 여기만 들어서면 늘 달콤한 향이 난다. 마치 딸기잼을 끓이고 있는 것처럼 진한 향이 발걸음을 멈추고 한참 코를 벌름거리며 심호흡을 하게 만든다.

몇 걸음 더 걸으면 산사나무의 빨간 열매가 가지가 휘어지게 매달려 있다. 가을이 되면 빨갛게 매달린 열매들이 참 많다. 꽃은 하얀 배꽃을 닮았고 열매는 팥을 닮은 팥배나무도 불그스레한 열매를 잔뜩 매달고 있다. 때죽나무, 층층나무, 앵두나무, 산벚나무, 조팝나무, 보리수까지 다양한 활엽수들이 있다.

봄이면 하얀 꽃들이 나무마다 가득 피어나서 저마다의 향기로 발걸음을 붙들더니 요즘엔 이렇게나 예쁜 보석 같은 열매로 내 눈을 황홀하게 한다. 장미는 5월에만 피는 게 아니다. 한겨울을 빼곤 늘 꽃이 있다. 요즘 꽃은 물론 5월의 그 환상적인 모습은 아니지만 그래도 멀리까지 장미의 향이 퍼져있다.

조금 산등성이 쪽으로 가면 상수리와 도토리, 그리고 소나무가 가득하다. 이 산 등성이 쪽 나무들은 본래부터 이곳에 있던 나무들인 것 같다. 요즘 새벽길을 걷다보면 도토리 떨어지는 소리가 대단하다. 쿵하고 울리는 게 그 작은 것이 마치 땅을 흔드는 소리처럼 크게 들린다. 도토리는 반짝거리고 예뻐서 눈에 띄면 저절로 손이 간다. 다람쥐들의 먹이니까 줍지 말아야 한다는 생각보다 '산에서 도토리를 주우면 벌금 10만원'이라는 현수막이 여기저기서 노려보고 있어 사람들은 주웠다가도 그냥 놓아둔다.

나는 이 숲에 들어서면 많은 생각들을 한다. 새로 쓰고 싶은 작품을 구상해 보기도 하고, 어제 읽은 책을 다시 되새김해 보거나, 새벽기도회 때 들려주신 설교말씀을 묵상하기도 한다. 사색하는 가운데 많은 것들이 가지런해진다. 김화백처럼 부정적인 것은 버리고 매사를 긍정적으로 바꾸기도 한다.

나는 이 길을 나의 아호인 연제(研齊)를 붙여 '연제의 사색길'이라고 명명하고 있다. 독일의 하이델베르크에 있는 철학자의 길과는 비교할 수 없지만 나름 이 숲에 의미를 붙여주고 싶어서다. 무엇이든 의미를 갖게 한다는 건 그것을 특별하게 만들어 주는 일이다.

차분히 깊어가는 가을의 숲속에서 한 해를 잘 보내고 조용히 떨어져 쌓여가는 낙엽들을 바라본다. 모두 제 할 일 다 마치고 조용히 떠나가는 모습이 참으로 거룩해 보인다. 유난히도 붉은 단풍잎 하나 손에 들고 생각에 잠긴다. 마지막까지 이리도 아름다운 빛깔로 모든 사람들의 마음을 행복하게 만들어줄 수 있는 이 나뭇잎이 참으로 부럽다.

나도 이 단풍처럼 누구에겐가 잠시나마 행복한 무언가를 남길 수 있을까. 발밑에 밟히는 나뭇잎을 조심스레 밟으며 숲길을 내려온다. 감히 함부로 밟으며 즐길 수 있는 낙엽이 아니다. 더욱 많은 생각을 하게 하는 낙엽들이다.

그들

– 디딕

수라바야 공항에 도착하니 남편은 디딕사장과 함께 나와 있었다. 디딕사장은 내 가방을 번쩍 들어 차에 실으며 무척 반가워한다. 남편이 이곳 인도네시아에 있을 때 그분 소유의 집과 차를 렌트해서 쓴 연유로 친해진 분이다.

이젠 인도네시아 현지 사역은 정리하였기에 이렇게 1년에 한 번 정도만 이곳에 온다. 올 때마다 남편은 예전에 쓰던 집을 다시 빌려 쓰곤 한다. 이번에도 집과 차를 모두 디딕회사에서 빌렸다.

도착 첫날은 수라바야에 있는 그분 집에서 하룻밤을 묵게 되었다. 그의 집에 갔을 때 가까운 도시에서 보건소장으로 재직 중인 부인이 우리를 위해 조퇴까지 하고 기다리고 있었다.

전형적인 인도네시아 이슬람신도의 가정에서 하룻밤을 보내는 것은 나로서는 처음이다. 인구의 80% 이상이 이슬람 신도이고 거리엔 히잡을 쓰지 않은 여자들을 찾기가 힘든 나라. 이른 새벽부터 밤중까지 어디서나 사원에서 울리는 아잔 소리를 일상으로 듣고 사는 나라다. 모든 게 조심스레 살피게 된다. 그러나 디딕 부부는 아주 친절하였고 정성을 다해 우리를 환대해준다.

선물로 준비한 선크림과 티셔츠를 주었더니 작은 선물이 민망할 정도로 기뻐한다. 아들 셋과 함께 사는 이들 부부는 지난해에 온 가족이 사우디아라비아에 성지순례를 다녀올 정도로 이슬람에 열심인 사람들이다.

다음날 일어나 보니 부부가 함께 부엌에서 튀기고 볶고 진수성찬을 마련하였다. 극진한 대접에 그저 '떠리 마까시!'만 연발하며 집안을 둘러보니 거실에 보컬팀의 악기들이 완벽하게 갖추어져 있다. 온 가족이 모이면 함께 연주하며 즐긴다고 한다.

집안 곳곳에 걸어둔 사진에서 이 가족의 화목하고 행복하게 사는 모습이 보였다. 디딕부인은 연신 웃어가면서 2층까지 집안 곳곳을 나에게 보여주었다. 요리를 하고 청소를 할 때 잠시 히잡을 쓰지 않고 일하는 그녀가 마치 우리 교우의 가정을 방문한 느낌이 들 만큼 편안했다.

이번 방문에는 차량 기사를 구하지 못해서 디딕사장이 잠깐씩

운전을 해주기로 한 모양이다. 우리가 지낼 집이 있는 따만다유까지는 거의 두 시간이 걸리는 거리다. 디딕이 우리를 데려다 주고 다시 수라바야로 가는 버스를 타러 나서는데 마침 장대비가 쏟아진다. 남편이 버스 정류장까지 데려다 주겠으니 어서 타라고 아무리 권해도 막무가내로 오잭(작은 영업용 오토바이)을 타고 손을 흔들며 그대로 비를 맞으며 돌아간다. 상당한 재력가인 디딕의 그런 겸손하고 낮은 모습에서 나는 좀체 맛보지 못한 따뜻함을 느꼈다.

– 부디의 상사

기사가 없으면 꼼짝할 수가 없다. 오랫동안 이곳에 살던 남편이지만 이곳에서의 운전은 아예 포기한다. 도로에 넘쳐나는 차량과 오토바이 사이를 뚫고 곡예운전을 해야 한다. 혹시 사고라도 나면 정말 큰일이다. 그런데 체류기간이 한 달도 안 되는 날을 운전해줄 사람이 마당치가 않다. 지난해까지만 해도 우리 집에 오랫동안 있던 부디 내외가 마치 기다리고 있던 사람들처럼 전화만 하면 그릇까지 다 싸들고 와서 남편을 돌봐 주었는데 올해는 취직을 하여 우리와 함께할 수 없다는 것이다.

주말에 다른 선교지역으로 이동을 해야 되는 우리는 부디를 만나러 갔다. 집 가까이에 있는 사립학교에서 부디는 운전을 하고, 아내인 할은 직원식당에서 일을 하고 있었다. 우리 집에 있을 때 갓난아이였던 아들은 벌써 여섯 살이 되어 유치원에 다니고 있다.

학교 식당 앞마당에는 부디의 상사인 듯해 보이는 사람의 가족이 있었다. 부디의 아들이 사원에 기도하러 간다고 하니 그 상사의 아들이 오토바이로 잽싸게 데려다 주고 온다. 마치 형처럼 잘 돌봐 주는 모습을 보고 학교 안에 함께 지내는 직원끼리 가족처럼 친하게 잘 지내는구나 생각했다.

부디의 상사는 우리가 마치 자기 손님인 양 손수 차와 과일을 내오며 친절하게 대해준다. 우리는 그냥 건성으로 인사를 하고 부디에게 주말에 시간이 되면 우릴 공항까지 좀 데려다 달라고 부탁을 했다. 그러자 그 상사가 "아, 이번 주말엔 별일이 없으니 도와 드리라고 할게요." 하고 선선히 허락을 한다.

우리에게 한국에 대해 이것저것 묻기도 하고 이런 저런 이야기를 하더니 바로 옆에 천막으로 덮여 있는 군용트럭을 가리키며 이차 한국에서 만든 거라고 한다. '새 차인데 군용트럭이 왜 여기 있느냐?'고 하자 옛날에 자기 아버지가 군에 있을 때 가져왔던 것이라고 해서 우리는 의아한 생각을 하면서도 자세히 묻지는 못했다.

잠시 후에 그 가족이 가겠다고 일어서는데 나는 깜짝 놀랐다. 차가 상상도 못할 처음 보는 최고급차였다. 알고 보니 이들이 바로 이 학교의 이사장 가족이었다. 허름해 보이는 티셔

츠 차림에 반바지를 입고 아무 격의 없이 친절하게 대해주는 그들이 설마 학교의 이사장일거라곤 생각조차 못했던 것이다.

그들이 가고나자 부디가 안내해준 건물에 가보니 벌린 입을 다물 수 없다. 자동차 박물관이라도 된 듯 여러 종류의 차량 30여 대가 서 있다. 그리고 다른 건물에는 음향기기들이 가득 들어 차 있다. 초창기의 축음기에서부터 여러 오디오가 놓여 있다. 도자기와 갖가지 공예품에 이르기까지 컬렉션의 취미가 어디까지인지 짐작을 어렵게 한다. 단순히 돈만 많아 수집했다고 말하긴 어려울 정도다.

그의 수라바야 집에는 슈퍼카만 몇 대가 더 있다고 한다. 별장엔 자가 헬기까지 있다고 하니 재력이 어느 정도인지 가늠이 되지 않는다.

인도네시아는 아직까진 인건비가 싸고 일하는 사람을 쉽게 구할 수 있기 때문에 집안에 일하는 사람들을 많이 두고 있는 편이다. 거의 많은 사람들이 데리고 있는 운전기사나 집안일을 돕는 사람을 하인처럼 생각하고 함부로 하는 일이 종종 있다.

그런데 이렇게 일하는 직원을 가족처럼 여기며 돌봐주는 사람을 만나는 일은 그리 흔하지 않다. 이렇게 서로 친근하게 지낸다는 것은 그 사람의 인격이다. 가장 기본적인 사람 사랑이다. 부디와 할이 참 좋은 사람들을 만나 잘 지내는 것 같아 마음이 훈훈하고 든든했다.

바람이 분다

바람이 쌩한 날이다.

이런 날은 연줄 놓기에 제 맛이 있다. 아니나 다를까 한강변엔 연줄 놓는 사람들이 가득하고 하늘엔 온갖 연들이 출랑거리고 있다.

요즘의 연들은 가히 국제적이다. 어릴 때 아버지가 만들어 주셨던 방패연이나 가오리연은 연 축에도 들지 못한다. 길이가 10미터는 넘을 것 같은 긴 길이의 연도 있다. 열 댓 개의 연이 연달아 이어져 있다.

사람이 타고 날아도 되겠다 싶을 정도로 큰 것도 있다. 그런가 하면 날개까지 매달아 행글라이더인가 싶은 것도 있고, 매서운 부리에 두 눈을 부라리고 있는 독수리나 매 모양도 있다

저마다 모양과 크기도 다르고 색도 다르지만 꼭 같은 것 하

나는 다들 가느다란 연줄 하나에 의지하고 있다는 것이다. 하늘에 떠 있는 연을 보면 모두들 제 잘난 맛에 우쭐대고 당당하다. 바람이 세게 불수록 들까불며 잘난 체하는 양이 마치 모처럼 받은 백점짜리 시험지 받아들고 엄마에게 달려드는 어린아이 품새다.

연들은 모두 연줄에 매달려 있을 때는 그렇게 당당하게 우쭐대다가도 바람이 불지 않거나 연줄이 끊어지면 그만 허방이 되고 만다. 커다란 덩치로 뒤흔들어대며 작은 연들을 무시하던 녀석일수록 그대로 밑으로 곤두박질을 치며 와장창 부서지고 만다. 그러나 작은 연들은 연줄이 끊어져도 한참을 이리저리 난다. 가다가 나뭇가지에 걸려 세상구경도 하고 쉬엄쉬엄 바람과 이야기도 나누다 누구의 손에 들어가게 되면 다시 연줄에 매달려 새 맛을 보기도 한다.

세상이 한 번씩 바뀌면 너나없이 새로운 연줄을 대려고 야단이다. 잘 만 닿으면 하루아침에 천하를 얻은 것같이 우쭐거리며 사람들 위에서 큰소리 쳐가며 살아볼 수도 있다.

얼마 전 미국의 부시대통령 부인인 바버라 부시 여사의 장례식에 참석한 네 명의 전직 미국 대통령과 그리고 전. 현직 네 명의 퍼스트레이디가 함께 찍은 사진이 화제가 되었다. 이들은 정권을 뺏고 빼앗겼던 정적들이다. 이 사진 한 장에서 미국이 어떤 나라인가를 상징적으로 보여주었다.

언제든 정권은 바뀌기 마련이고 정권이 바뀌면 전 정권의 과와 실은 드러나게 된다. 어느 나라 어느 시대든 집권자에게 과와 실이 없을 수 없다. 그런데 그 모든 집권자들을 집권 시기에 잘못된 과만을 벌하여 감옥에 보내기로 작정한다면 과연 무사할 사람이 얼마나 있을까?

중국의 천안문 광장에는 수많은 사람들이 모택동을 참배하러 이른 아침부터 가득하다. 그들은 모택동을 국부로 거의 신적인 존재로 숭앙하고 있다. 그러나 모택동이란 인물은 그렇게 온 국민이 추앙하고 신적으로 섬길 만한 인물이 아니다. 그는 건국과정에서 수십 만, 아니 수백 만의 인민을 학살했다. 또한 문화혁명이라는 10년간의 기간 동안 정말 어이없게도 얼마나 많은 지식인들을 죽였던가. 중학생들이 자기 학교의 교장선생님을 둘러싸고 서서 무릎을 꿇게 하고 폭행하고, 고발하던 일까지 있었다. 그에게 당한 억울한 죽음들을 생각하면 그를 영웅시하고 아침마다 천안문 광장에서 참배하는 수많은 중국인들의 마음을 이해할 수가 없다.

대만의 타이베이에 가보면 지금은 바뀌었지만, 예전엔 공항 이름부터가 창카이섹(장개석) 국제공항이었다. 그리고 타이베이 도심 한복판에 경북궁 넓이만한 웅장하고 화려한 중정기념관을 볼 수 있다. 이곳은 초대총통인 장개석을 기념하는 곳으로써 89개의 계단을 올라가 장총통의 동상을 마주하고 보면 그 위엄과 국민의 존경을 짐작케 하는 곳이다.

장개석, 그 역시 본토에 있을 때 엄청난 과오를 저지른 사람이다. 수많은 인명을 살상했으며, 억울하게 죽어간 백성의 숫자는 헤아리기 어렵다. 그럼에도 오늘날까지 대만인의 마음에 존경과 사랑으로 자리 잡고 있으니 참으로 이해할 수 없다.

우리의 잣대로 재어 본다면 이들은 모두 백성들에게 뭇매를 맞아야 할 사람들이지 수십 년 동안 그렇게 추앙을 받을 만한 인물이 아니다.

세상에 과오가 없는 완벽한 지도자가 어디에 있겠는가? 얼마간의 과오가 있을지라도 그가 진정으로 국민을 사랑하고 나라를 사랑하는 마음이 더 간절하였다면 우리는 그 지도자를 인정하고 존중해야 되지 않을까.

권력은 언제나 영원할 수는 없다. 자신과 정치적 성향이 다르고 생각이 다르더라도 국가에 지도자로 지냈던 분들을 원로로 대접하고 존경하며 그분들의 경험과 지혜를 거울삼아 과오 없이 잘해 나갈 아량 있는 지도자를 간절히 원한다. 27년간의 옥고 끝에도 '화해는 과거의 정의롭지 못했던 유산을 고치기 위해 함께 노력하는 것'이라며 흑백간의 화해로 진정한 승리자가 된 만델라 같은 큰마음을 가진 지도자를 말이다.

줄줄이 잡혀가서 옥고를 치르고 있는 딱한 전직 지도자들을 보는 마음이 무겁고 슬프다. 이 때문에 국민들의 마음이 갈라져 마치 서로 원수를 대하듯 아우성이고 한 가정에서조차 부모 세대와 자식세대가 대화의 합의점을 찾지 못하고 있다.

바람이 분다.

연을 날리기엔 한겨울의 쌩한 날이 더 맛이 난다. 그러나 요즘은 사계절 아무 때나 한강변에 나가면 자신만의 멋진 모양을 한 갖가지 연들이 날고 있는 풍경을 만날 수 있다. 아직 줄이 팽팽하다. 한참 손맛도 즐길 수 있다.

자유로운 삶

- 장자 이야기

아홉 차례의 반죽을 거쳐 종이장처럼 얇은 밀가루 반죽판을 수십 겹 접어 만두피를 만들어 파는 그는 손의 감각만으로 자신이 찍어내는 만두피의 숫자를 정확히 헤아린다. 몇 번을 거듭해 봐도 단 한 장의 차이도 없다.

옥상의 타이어를 아래층으로 굴려 옮기는데 계단을 거쳐 두 개 층을 굴러가서 타이어가 놓일 위치에 정확하게 쌓는 사람이 있다. 중간에 계단이 꺾이면 멈출 것 같은데 어떻게 저렇게 정확하게 굴려 보낼 수 있는지 놀랍기만 하다. 오랜 경험과 노력으로 이런 경지에 이른 사람들을 향해 우리는 '달인'이라고 부른다.

포정이 문혜공을 위하여 소를 풀어내는데 손이 닿는 것과 어깨가 기대는 것과 발이 밟는 것과 무릎이 버틸 때 소가죽과 뼈가 갈라지면서 샹 하며 칼을 밀어 넣을 때 훅 하며 음악에 맞지 않는 것이 없었다. 문혜공은 "오오, 훌륭하도다! 기술이 어떻게 이런 경지에까지 이를 수 있을까?" 하며 감탄했다.

포정은 "제가 좋아하는 것은 도인데 기술의 경지를 넘어선 것입니다. 제가 처음 소를 풀어낼 때에는 온통 소만 보였습니다. 삼 년 뒤에는 소의 몸체가 보이지 않게 되었습니다. 이제는 제가 신명으로 만나되 눈으로 보지 않습니다."

포정은 소의 자연스러운 결을 따라 힘줄과 뼈 사이를 치고 골절 사이의 빈 곳으로 칼을 집어넣어 소의 본래의 구조에 따라 풀어내는 까닭에 19년 동안 수천 마리의 소를 풀어냈으나 칼날이 금방 숫돌에서 갈아낸 듯하다고 말한다. 포정의 말을 들은 문혜공은 양생의 도를 터득하게 되었노라고 말한다.

우사벼슬을 하다가 화를 당해 한쪽 다리를 잘린 우사는 권력을 버리고 양생을 추구하는 사람으로 나온다. 그는 다리가 하나인 게 하늘이 만든 것이라며 자연으로 받아들인다. 다리를 잃은 우사는 대신 자유를 얻었다.

풀밭의 들꿩이 열 걸음 걸어서야 한 번 쪼아 먹고 백 걸음 걸어서야 물 한 방울 마실지라도 새장 속에서 길러지기를 바라지 않는 것처럼 우사는 자연에 따라 사는 것이 양생이라고 말하고 있다.

장자의 아내가 죽어서 혜자가 조문하러 갔더니 장자가 다리를 뻗고 앉아 동이를 두드리며 노래를 부르고 있었다. 혜자가 너무 어이가 없어 "아내와 함께 살면서 자식까지 키우고 함께 늙어가다가 그 아내가 죽었는데 곡을 하기는커녕 동이를 두드리며 노래까지 하는 것은 너무 심하지 않느냐?"고 했다.

장자는 그렇지 않다고 대답한다. 자신도 아내가 죽었을 때 슬프기 짝이 없었는데 생각해 보니 본래 삶이 없었고, 삶만 없었을 뿐 아니라, 형체와 기조차 없었다는 것을 깨달았다는 거다.

> 황홀한 가운데 섞여서 변화하여 기가 있게 되고 기가 변화하여 형체가 있게 되고, 형체가 변화하여 삶이 있게 되었다. 그러다가 다시 변화해서 죽음으로 갔으니 이것은 서로 사계절이 운행하는 것과 같다. 저 사람은 이 천지의 큰 집에서 편안히 쉬고 있는데 내가 시끄럽게 떠들면서 울어댄다면 이는 천명을 알지 못하는 것이라고 여겼기 때문에 그만두었다.

나방이 번데기 자체로만 있다면 결코 나비가 될 수 없음같이 새로운 세계를 바라본다면 죽음은 그리 슬퍼만 할 것은 아니라고 한다.

자연의 이치에 따라 살면서 죽고 사는 것과 같은 일에서도 감정을 개입시키지 않고 사태를 관조할 수 있어야 양생할 수 있다는 것을 말하고 있다.

여기서 장자는 '이무후입유간(以無厚入有間)'이라는 처세원리를 제기했다. 무후는 두께가 없는 마음, 곧 허심을 비유하며, 유간은 사물들의 자연스러운 결 안에 있는 허(虛)를 뜻한다.

사물의 허를 볼 수 있는 눈을 갖는다는 것은 바로 도를 얻는 거와 같다. 사람이 살아가면서 어찌 슬픔과 즐거움이 없겠는가? 그러나 자연의 이치에 순응할 때 슬픔과 즐거움을 이겨낼 수 있음을 알게 한다.

– 혼돈의 죽음

장자는 응제왕을 통하여 세상은 법도로써 다스리는 것은 치내(治內)가 아니라, 치외(治外)라고 말했다. '치외'는 일정의 타율적인 다스림이라고 할 수 있다. 사람들의 본성을 살려서 사람들로 하여금 자발성, 능동성을 발휘하여 살아가게 하려면 다스리는 이가 먼저 자기 자신을 바르게 한 뒤에 교화를 행하고, 사람들이 각자 할 수 있는 능력에 따라 일을 하게끔 해야 한다는 것이다.

"지난날 중시는 그대에게 무엇을 알려주던가?" 견오가 대답했다. "올바른 법도를 실천하면 사람들이 누가 감히 따르고 교화되지 않겠는가." 했다. 미치광이 접여가 말했다. "그런 덕은 속임수다. 그런 것으로 천하를 다스리는 것은 마치 맨발로 바다를 건너고 맨손으로 강물을 퍼내서 길을 내며 모기로 하여금 산을 짊어

지게 하는 것과 같다. 성인의 다스림이 바깥을 다스리는 것이겠는가?"

자기를 바로 세운 뒤에 행하여 자기가 잘할 수 있는 일을 분명하게 할 뿐이라고 했다. 작은 새나 생쥐도 자기에게 덮쳐오는 해를 피하는 방법을 알고 있는데 그들의 지혜보다 못하느냐고 한다. 작은 벌레들도 사람보다 지혜로운 것이 많다. 해일이 밀려올 징조가 있으면 바다 속의 동물들이 해안으로 피신을 하는 모습을 보았다. 또 장마가 시작되면 개미떼가 식구들을 데리고 이동하는 모습을 보았다. 그러나 사람은 이런 기미를 늦게야 안다. 사람만이 만물의 가장 지혜로운 자라는 생각은 잘못이다.

정나라에 귀신처럼 용한 계함이라는 무당이 있었다. 열자가 그를 만나고 심취하여 돌아와 호자에게 선생님보다 더 뛰어난 사람이 있다고 했다. 그러자 호자가 무당을 데려와 보라고 했다. 세 차례를 보였으나 제 모습을 자유자재로 변화시켜 보여줌으로써 계함은 호자의 관상을 종잡을 수가 없었다.

그의 마음의 극치는 미시출어종(未始出吾宗)인 듯하다. 이 마음은 자기 자신은 물론 천지 만물조차 있기 이전의 혼연일체의 세계와 통할 수 있다.

장자의 우화 중에서 붕새와 포정해우. 호접몽에 버금갈 만큼

널리 알려진 설화가 혼돈이다. 혼돈 이야기는 아주 간단하다. 남해의 임금 숙과 북해의 임금 홀이 혼돈의 땅인 중앙에서 자주 만났는데 혼돈이 잘 대접해주자, 숙과 홀이 혼돈의 은혜에 보답하기 위해 하루에 한 개씩 구멍을 뚫어 주었더니 7일 만에 혼돈이 죽어 버렸다는 거다.

혼돈의 비극은 우리가 우리와 다른 삶을 사는 존재를 이해한다는 게 쉽지 않다는 걸 말해준다. 이해하려는 것 자체가 상대를 지배하려는 폭력이 될 수 있다.

혼돈의 죽음은 근대 세계가 다른 세계를 만나면서 빈번하게 일어났다. 제국주의처럼 지배하려는 의도가 아니라도 호의를 갖고 다른 문명을 대하는 경우에도 비극이 일어난다.

나는 이주노동자인 인도네시아인들을 오랫동안 섬겨오는 사역을 해왔다. 그들에게 베풀었던 일들이 혹여 혼돈에게 구멍을 뚫어주는 역할을 하진 않았나 생각해 본다.

– 여전히 사랑받는 장자

장자는 기원 전 약 355년에서 약 275년에 살던 사람이다. 그 때의 사람이 쓴 이야기가 현대에도 여전히 우리에게 많은 것을 시사하며 느끼게 한다는 것은 어느 시대에서든 인간들은 같은 고민을 하며 같은 명제 아래서 살아가는 것이 아닌가 하는 생각이 든다. 그리고 위대한 철학자의 사상은 시대가 바뀌고 세월이 흘러도 사람들이 다시 꽃을 피워낸다는 것을 알게 한다.

장자는 왕태, 신도가, 숙산무지, 애태타 같은 장애인들을 등장시켰다. 왕태나 신도가, 숙산무지는 형벌로 신체를 훼손된 자들이고 애태타는 외모가 끔찍하다고 할 만큼 흉한 모습이다. 그런데도 이들은 많은 사람들을 감동케 하며 끌어 들이는 힘이 있었다. 오늘날에도 그런 장애가 있는 사람이라면 다들 기피할 만한 인물임에도 그들은 모두 성인에 버금갈 만큼 많은 사람들이 따르고 존경하였다.

장자가 살던 시대는 자고 일어나면 전쟁을 하던 시대였다. 출세를 하기 위해서도 전쟁터에 나가야 했고, 생명을 보존하기 위해서도 전쟁터에 나서야 했다. 장자는 그런 세상에 순응하지 않고 '낮잠이나 자야겠다'고 이야기한다. 이는 모든 사람이 한 방향으로 미친 듯이 몰려가고 있는 세상에 대한 저항이다. 지금도 가야할 방향을 알지 못한 채 다른 사람이 달려가면 그저 따라서 달려가는 사람들이 있다.

붕새의 이야기에서는 일체의 얽매임에서 벗어나 유토피아를 찾아가는 자유인의 상징이 보인다. 그러나 붕새도 바람에 의지해야 하기 때문에 절대의 자유를 누릴 수 있는 경지에 올랐다고 볼 수는 없다. 장자는 어떤 것에 의존하지 않고 살아갈 수 있는 자유를 추구한다. 정신과 재물과 권력과 명예 모든 것으로부터 초연하라고 한다. 그러나 어느 시대 어느 누구에게나 그런 초연은 쉽지 않음을 알게 한다. 많은 사람이 높은 자리에 부름을 받아 청문회장에서 인격적인 공격과 모욕을 당하는 것을 보았다. 그들이 초연하였더라면 그런 수모를 당하지 않았을 것이 아닌가.

장자는 자연과의 조화를 이야기했다. 자연과 조화를 이루며 살려면 자연에 순응해야 한다고 했다. 자기중심적으로 보는 관점에서 벗어나 사물과 사건들의 본체인 도(道)의 관점에서 보아야 한다는 것이다. 장자는 이를 '이도관지(以道觀之)'라고 했다.

장자철학은 일체의 속박에서 벗어나 자유로이 살아갈 수 있는 지혜를 우리에게 일깨워줄 뿐만 아니라 인간과 인간, 그리고 인간과 모든 생명체들이 서로 조화를 이루어 살아갈 수 있는 세계관으로 이끌어 준다.

이천삼백 년이 지난 오늘날에도 우리는 여전히 장자의 사상을 공부하며 그의 사상에 많은 애정과 관심을 가지고 있다. 이는 세월이 아무리 흘러도 깊고 오묘한 사상은 많은 사람들에게 여전한 사랑을 받는다는 이야기다.

팔루와 뽀롱

며칠 전 인도네시아 슬라웨시섬의 팔루에서 강진과 함께 쓰나미가 일어나 수천 명의 사람들이 죽고 아직 생사를 알 수 없는 수천 명의 사람들이 묻혀 있다. 인도네시아는 환태평양지대로 불의 고리라는 위치에 있어 지진과 화산, 해일과 쓰나미가 잦은 나라다.

몇 년 전에도 9.2도의 강진과 쓰나미로 인해 10만 명 이상이 죽고 인근 동남아 전체가 엄청난 피해를 당했다.

슬라웨시섬은 우리와는 많은 관계가 있다. 오래전 남편이 인도네시아와 무역을 위해 처음 찾은 지역이 바로 슬라웨시섬이다. 마카샤르 지역에서 조개껍질을 수입하기 위해 드나들던 것이 인도네시아와의 첫 인연이다.

또한 선교사가 되어 인도네시아 전역을 다니다가도 마치 고향을 찾아가듯 다시 찾는 곳이 바로 이 슬라웨시섬의 마카사르다. 말이 섬이지 워낙 넓어 북쪽인 팔루에서 남쪽인 마카사르까지는 900㎞가 넘는 거리다. 인도양의 아름다운 바다에 위치한 슬라웨시섬은 자연이 무척 아름답고 바닷 속에 많은 보물을 안고 있는 곳이다.

마카사르와 마나도엔 우리 교우들이 많이 살고 있는 지역이다. 한국에 이주노동자로 와 있던 그들이 우리가 섬기던 의정부 인도네시아 교회에 출석하다가 귀국하여 살고 있다. 그러기에 그 섬의 주도인 팔루에서 일어난 이번 지진과 쓰나미는 우리 부부의 마음을 더 아프게 한다.

언제 다 수습될지 알 수도 없는 상황 가운데 어제부턴 지반 액상화 현상으로 모든 걸 포기하고 그냥 덮기로 결정했다는 최악의 소식이 들린다. 지진이 발생하면서 건조한 땅에 물이 들어와 질펀한 진흙이 계속 솟구쳐 올라 무거운 장비가 근처에도 갈 수 없는 상황이 된 것이다. 건물과 사람들이 흙더미 속에 있는데 그대로 인간 무덤을 만들겠다는 이야기다.

자연의 재해 앞에 인간은 늘 무력하고 얼마나 허무한가를 알게 한다. 역사 가운데 지진으로 인해 순식간에 완전히 사라져 버린 도시들을 우리는 알고 있다. 폼페이에서 만난 유적들에서 참담함과 비통함을 느꼈듯이 지금 우리의 눈앞에서 생매장 되어가는 한 마을의 모습을 보면서 그저 애통해 하는 수밖에 없음이 한스럽다.

인도네시아 수라바야 인근 뽀롱이라는 곳에는 거대한 진흙호수가 하나 있다.

높이 10여m정도의 둔덕에 올라가 보면 상상을 초월한 엄청난 크기의 진흙호수를 만날 수 있다. 벌써 10년이 지났건만 아직도 호수 전체에서 보글거리며 올라오는 진흙과 가스와 유황냄새가 난다. 이 넓은 진흙호수 아래에는 12개 마을 4만여 명의 삶의 터전이던 모든 것이 묻혀 있다. 만 채가 넘는 집과 상가와 수많은 사람들과 가축들….

뽀롱은 인도네시아 2대 대도시인 수라바야 인근의 위성도시였다. 영세한 공장들과 수라바야로 출퇴근하는 사람들이 많이 사는 동네였다. 작은 집들이 옹기종기 모여 있는 정겨운 동네였고, 출퇴근 시간이면 오토바이 물결이 골목마다 한없이 쏟아져 나오곤 했던 곳이다.

2006년 5월에 일어난 지진으로 한 도시가 몽땅 땅속으로 묻히고 말았다. 지진이 한차례 지나가면 무너진 건물잔해 속에서 혹시라도 살아난 기적들을 만나기도 하고 다시 건물을 복구하면 새로운 희망도 생기련만 이곳은 지진 이후가 더 문제였다. 미처 복구도 하기 전에 땅속에서 솟아나는 묽은 진흙뻘을 그 무엇으로도 막을 수가 없었다. 하루 이틀 솟아나는 것도 아니고 1년, 2년 계속 솟아 나와 도시 전체를 덮어 갔다.

인도네시아 정부는 하는 수없이 주변에 높은 둑을 쌓아 진흙의 범람을 막았다. 그렇게 쌓아 만든 곳이 바로 이 진흙호수다. 요즈음엔 이곳이 하나의 관광지처럼 많은 사람들이 구경 오는 곳이 되었다. 오는 사람마다 엄청난 크기에 놀라고 여전히 솟아나고 있는 진흙에 놀란다. 그리고 그 아래에 묻혀있는 한 도시를 상상해 본다.

이곳에서 살아남은 몇 몇 사람들이 아직도 이곳을 벗어나질 못하고 둑 주변을 맴돌며 살아가고 있다. 저 아래에 내려만 가면, 조금만 파보면 내 사랑하던 가족과 이웃이 있다. 내가 살던 집과 골목과 친구들과 함께 놀던 곳이 다 있는데, 손에 집힐 것 같은 터전들을 두고 차마 이곳을 그냥 떠날 수가 없는 그들이다. 세월이 흘러 언젠가는 잊혀진 도시가 되고 그저 희한한 진흙호수만 명물처럼 남아 더 많은 사람들이 와서 신기해하겠지. 그때엔 이곳에 묻혀버린 수많은 영혼들에 대해서 무슨 기억을 해줄까?

팔루의 모든 현상들도 시간이 흐르고 나면, 무너지고 갈라진 것들은 다시 회복이 되어 가겠지만 저 진흙더미 속에 갇힌 불쌍한 영혼들은 누구에게 위로를 받을 수 있을 까? 세월이 지나면 뽀롱의 영혼들처럼 기억조차 하지 않고 갇히고 잊혀지겠지.

바람에 나풀거리는 나뭇잎 하나만도 못한 참으로 가엽기 짝이 없는 불쌍한 영혼들을 위해 두 손을 모은다.

골목길

30년 동안 골목 풍경만을 고집하며 사진을 찍은 작가가 있었다. 바로 고 김기찬 작가이다. 그의 사진집 『골목 안 풍경 30년』을 펼쳐보고 있자니 사진 속 인물들이 낯익은 사람들처럼 친숙한 느낌으로 다가온다. 엊그제 내 이웃이었던 사람 같기도 하고 바로 내가 저기 서 있는 것 같기도 하다.

연탄 두 장 새끼줄에 매달아 양손에 들고 가는 어린 소년이 비틀거리며 골목계단을 오르고 있다. 이제 겨우 일곱 살짜리에게 연탄 두 장은 무척 무거울 것이다. 그러나 아이의 얼굴은 밝고 싱그럽다. 아이는 그 연탄 두 장이 차가운 방을 따뜻하게 해줄 것을, 저녁밥을 지을 불길이 되어줄 것을 알고 있다.

길바닥에 다 낡은 돗자리 몇 개가 펼쳐져 있고 아이들은 배를 깔고 엎드려 그림을 그리거나 숙제를 하고 있다. 어떤 아이는 장난스럽게 엎드려 있는 다른 아이의 등에 올라타고 있기도 하고, 만화책을 펼치고 킬킬거리기도 한다.

한여름 고무물통 안에 물을 받아 놓고 물장구를 치며 신나게 까르르 거리는 아이들이 있다. 짧은 치마를 허리께로 말아 올리고 노랫말에 맞춰 폴짝폴짝 뛰어가며 고무줄놀이를 하는 계집아이들이 있다. 어린 동생을 등에 업고 고무줄 놀이하는 친구들을 부러운 눈으로 말끄러미 바라보는 아이가 있다. 한참을 쳐다보던 아이는 등에 업힌 동생을 내려놓고 친구에게 한 판만 끼워달라고 한다. 친구 중 한 명이 동생을 업어주며 양보한다.

아이들의 추억만 담겨있는 것이 아니다. 담장 밑에 기대앉아 도라지를 잔뜩 담아두고 껍질 벗기는 부업을 하는 아낙들은 손은 손대로 입은 입대로 부지런하다. 어느 동네나 부업을 잘 맡아 오는 왕초 언니가 있다. 액세서리 만드는 일거리, 뜨개질 일거리 등 철따라 이것저것 일거리를 맡아오면 골목에 앉아 이렇게 수다와 함께 하루를 보내는 일도 하나의 즐거움이다.

집집마다 키우는 개들도 모두 친구고 가족이다. 온 동네 개들이 다 나와 몰려다니며 서로 뒹굴고 장난치며 마음대로 뛰어논다. 여러 마리의 개들이 한꺼번에 다녀도 어느 집 아이 하나 물거나 사납게 짖는 일도 없다. '멍구야! 해피야! 검둥아!' 하고 부르면 개들은 아무에게나 와서 안기고 장난치며 따른다. 개들은 동네 사람 모두를 주인으로 아는 것 같다.

흑백 사진 속에서 아이들이 뛰어 노는 활기찬 소리들이 들렸다. 천진스런 웃음소리가 들렸다. 아이들을 부르는 어머니들의 목소리가 들렸고, '아무개야 노올자!' 하고 불러대는 친구들의 목소리도 들렸다.

내 어린 날의 골목도 비슷한 풍경이었다. 그때 골목은 모두에게 앞마당이고, 부엌이고, 사랑채였다. 골목안의 집들은 담이 있으나 없으나 마찬가지였다. 아무 집에나 밤이고 낮이고 불쑥 들어가도 조금도 어려울 것이 없었다. 어느 집에 오늘 무엇을 해 먹는지도 훤히 알 수 있었다. 모처럼 생선이라도 구워 먹으려면 냄새는 골목 가득 휘젓고 다녀 숨길 수도 없었다. 우리 집에 밥이 없으면 무턱대고 친구네 집에 가면 해결되었다.

골목은 언제나 왁자하고 시끄러웠다. 평상 위에서 만화책을 읽으며 킬킬대던 철수는 어디로 갔을까? 맨날 동생을 등에 업고 있던 정희는 지금 어디서 뭐하고 살까? 쑥개떡을 함지박에 내오던 순이 엄마는 지금쯤 쪼그랑 할미가 되었을 텐데 혹시 어느 요양원에 누워 있는 것은 아닐까? 참 순자엄마는 잘 살고 있겠지. 아이들이 공부를 잘해서 온 동네의 자랑이던 철이네는 어떻게 살고 있을까. 철이가 어느 은행의 지점장이 되었다는 소식까진 들었는데 그러고는 소식이 없네. 철이 동생 석이도 대기업에 다닌다고 들었으니 다들 잘 살고 있을 거야.

주택들이 아파트로 개발되면서 골목은 없어져 버렸다. 그리고 서로 한 집 식구처럼 살던 이웃도 없어져 버렸다. 아파트는 앞집도 윗집도 아랫집도 맞대고 살면서도 이웃이 아니다. 윗집에 결혼식이 있어도 모른다. 앞집이 상을 당해도 모른다. 서로가 모른 체하면서 사는 게 이젠 점점 익숙해져서 너무 가까이 하는 걸 오히려 부담스러워 한다.

가끔 골목이 있는 동네가 있다. 그러나 옛 골목이 아니다. 평상이 있던 자리는 자동차가 차지하고 있다. 아이들이 고무줄 놀이하던 자리도, 아낙들이 둘러 앉아 부업거리를 들고 이야기 꽃을 피우던 자리도 자동차가 빈틈없이 들어 서 있다. 차를 세우면서부터 서로 이웃끼리 소리를 질러댔다. 서로 얼굴을 붉히며 시비가 붙어 이웃이 아니고 원수가 되어 갔다. 사람을 때리고 죽이기까지 했다.

늦은 밤 귀갓길에 골목에서 사람을 만나면 무섬증이 든다. 이웃을 모르기에 경계심을 늦추지 않고 발걸음을 빨리한다. 골목 안에 들어서면 "어디 갔다 이제 오니?" 한마디씩 해주던 순자네 구멍가게가 문을 닫고 나서부터 골목길이 더 무서워졌다.

정겹고 따뜻하던 골목은 이젠 흑백사진 속에서나 어른거린다. 그 많던 골목안의 사람들은 어디로 가버린 것일까? 넓고 환한 큰 길에 자동차만이 질주한다. 어디로 그리 열심히 달려가고 있을까? 별빛도 달빛도 다 숨어버린 거리에 자동차의 불빛만이 출렁거린다.

북촌마을

서울의 북촌마을엔 오늘도 관광객들로 가득하다. 언제부터인지 한옥마을이 관광코스로 유명세를 타고 있다. 외국인은 물론 내국인들의 발길도 끊어지지 않고 밤낮 붐비고 있다. 안국역에서 내려 헌법재판소 담장을 끼고 오르는 가회동 일대와 계동 일대가 모두 북촌이다. 조선 왕조의 궁궐인 창덕궁과 경복궁 사이에 있는 북촌은 옛날부터 청계천을 기준으로 북쪽에 있었기 때문에 북촌마을이라 불렀다.

큰길에는 외국관광객을 싣고 온 버스들이 즐비하게 늘어서 있고 마을 어귀에는 한복을 대여해 주는 곳이 여럿이다. 차에서 내린 관광객들은 이곳에서 전통과는 다소 차이가 나지만 간편한 한복을 입고 마을 투어에 나선다.

온 동네가 아담한 한옥으로 들어서 있는 이곳은 일제시대인

1930년대에 지어진 집들이다. 그냥 중산층이 살기에 알맞은 작은 한옥들이 대부분이다. 기와지붕들이 서로 맞닿아 있어 그 모양이 무척 이채롭고 아름답다. 돌을 쌓아 만든 담장과 기와 조각을 박아 쌓아 올린 담장, 여러 문양을 넣어 개성 있게 만든 담장도 재미있다. 어느 집은 '談笑亭'이라 길게 써서 대문 기둥에 걸어놓은 집도 있고, '醉綠濟'라 쓰인 현판이 걸린 집도 있다. 이런 현판 글자를 음미해 보니 슬며시 미소가 지어 진다. 대문 앞에 놓인 작은 해태 조각상 한 쌍이 술 취한 주인을 반길 것 같다. 어느 집이나 담장 밖에 화분 몇 개가 놓여 있다. 틈새의 여유로움이다.

내가 간 날은 35도가 넘는 무더운 날이었다. 그냥 서 있기에도 땀이 나고 무척이나 더운데 한복을 입은 관광객들은 땀을 뻘뻘 흘리며 핸드폰을 거치대에 끼우고 사진 찍기에 여념이 없다. 골목은 거의 경사진 곳이어서 올려다보거나 내려다보면서 사진을 찍으면 아무렇게 찍어도 잘 나올 거 같다.

골목마다 관광객들이 소란스럽다. 주말이 되면 정말 많은 사람들이 모여 든다고 한다. 곳곳에 '이곳엔 사람들이 살고 있으니 조용히 해주세요!'라는 팻말이 놓여 있고 문화해설사들도 군데군데 서 있다. 그래서인지 입을 꼭 다문 장승같은 대문들을 바라보니 이웃과 담소를 나누며 잘 익은 술 한 잔 나누기는 힘들 것 같다.

닫힌 대문 틈새로 안을 엿본다. 거의 모든 집이 문간채와 안채로 나눠져 있다. 안채를 오르는 댓돌에 가지런히 놓인 신발 두 어 켤레와 옆집과 나란한 담장 아래 장독대가 보인다. 시멘트를 바른 마당이 깔끔하다. 대문 틈새로 집안을 엿보자니 새삼 서울살이를 처음 하던 그 집이 연상되었다.

그 집도 이곳과 똑같이 생긴 한옥이었다. 대문을 열고 들어서면 왼쪽은 화장실이었고 오른쪽은 문간방이었다. 화장실은 재래식인데도 바닥은 나무마루였다. 안채에 사신 집주인 노인 부부는 전형적인 서울 양반들인데 무척 깔끔하고 엄하셨다. 화장실에 가서 소변 한 방울만 떨어드려도 당장 걸레를 들고 닦으셨다. 아래는 냄새나고 구더기가 득실거리건만 안채 마루처럼 화장실 바닥은 항상 깨끗했다.

난생처음 집을 떠나 남의 집 건넌방에 세 들어 자취를 하던 우리 형제들은 숨도 제대로 쉬지 못하고 살았다. 창호지 문 하나로 말소리까지 다 들리는 한옥의 구조는 우리를 정말 힘들게 했다. 저녁 늦게까지 공부를 하느라 불을 켜고 있으면 방문을 똑똑 두드리며 불을 끄고 자라고 하기 일쑤였다. 수돗물도 크게 틀지 못하고 물소리가 들리지 않게 살금살금 틀어 사용했다.

그때 어린 나이에 얼마나 마음고생을 했던지 다신 이런 한옥엔 얼씬도 하지 않을 거라 다짐했었다. 그러나 지금 돌이켜 보니 그렇게 지냈던 시간도 참 유익했다. 어른들에게 다소곳하고 조심성 있다고 칭찬받고 살아온 것이 그곳에서 사는 동안 몸에 익은 것 같다.

이곳에는 특별한 집들이 있다. 누비공방이나 매듭공방도 있고, 민화박물관과 생각하는 박물관, 황실박물관 등이 있다. 뜰이 아름다운 찻집도 있고, 다니다 그냥 들어와서 쉬었다 가라며 자신의 집 뜰을 개방하며 오는 손님에게 무료로 차를 대접하는 집도 있다.

정원엔 수국, 장미, 봉선화 등 갖가지 꽃이 만개해 있다. 계절마다 항상 꽃을 볼 수 있게 하려고 주인장은 계속 화초를 사다가 꾸민다고 한다. 낯선 여행객들이 자신의 정원을 찾아오 즐거워하는 모습이 너무 행복해서 상당한 비용이 들지만 전혀 아깝지 않는다는 주인장의 넉넉한 마음에 나도 넉넉한 마음이 되었다.

일제시대에 지은 한옥과 일본식 주택을 혼용한 백인제 가옥을 보는 재미도 있다. 1913년 당시 한성은행 전무였던 한상룡이 북촌의 전경이 한눈에 내려다보이는 높은 곳에 전통방식과 일본 양식을 접목해 지은 근대 한옥이다. 부근에 있던 집 12채를 합친 넓은 대지에 압록강 흑송을 재료로 지은 당시 최고급 한옥이었다고 한다. 1944년에 백병원의 설립자인 백인제 박사와 그의 부인이 살던 집을 서울시가 매입하여 일반에게 공개하고 있다.

이 집은 입구에서부터 위용을 자랑하고 있다. 몇 개의 계단 위에 크고 웅장한 솟을대문이 대단한 기개를 뽐내고 있다. 대문을 들어서면 행랑채가 있고, 바로 넓고 시원스런 예쁜 잔디가 깔린 정원이 나온다. 전통적인 한국의 정원과는 거리가 먼 서양식 정원이다. 이곳에서 바라보면 북촌 일대와 멀리 남산까지 한눈에 들어온다.

건물 구조는 사랑채와 안채를 구분하지 않고 복도를 이용하여 서로 연결되어 있다. 일본식 장마루를 적용했으며, 붉은 벽돌과 유리창을 많이 사용하여 지어져 있다. 이 건물에서 조선총독부 총독들과 권력가들은 물론 미국의 석유왕 록펠러 2세도 연회를 가졌다고 한다. 방마다 당시 사용하던 소품들과 사진자료 등이 전시되어 있다. 한편의 역사가 담겨 있는 곳이다.

골목마다 이야기가 숨어있고 정겨움이 가득한 북촌마을엔 오늘도 아름다운 추억 한 장 담아가는 많은 사람으로 활기가 넘친다. 지나간 시간들이 잠시 머무는 곳에서 나도 추억 하나 담아본다.

3.
흩어지는 꿈들

빈 집

명절 며칠 전부터 나는 빈대떡 만들 준비를 한다. 도라지와 고사리를 데쳐 잘게 찢어 놓고 절인 배추를 송송 썬다. 숙주나물과 돼지고기를 넣고 갖은 양념을 한다. 만두소 역시 미리 만들어 둔다. 모든 재료를 전부 다지고 물기를 꼭 짜서 만드는 일이 손이 많이 가고 종일 걸리기 때문에 이렇게 미리 해둔다. 큰 통 가득 속을 만들고 만두피를 밀어 쟁반마다 빚은 만두를 냉동실에 차근차근 넣어 두면 명절준비 반은 한 셈이다.

서울 토박이이신 어머님이 만드신 음식 가운데 가장 대표적인 게 빈대떡과 만두다. 우리 집 빈대떡과 만두소는 다른 집과 달리 김치 대신 날배추를 쓴다. 그래서 빈대떡과 만두소가 희고 깨끗하다. 서울 음식의 특징은 깨끗하고 담백하며 정갈한 모양이 우선인 듯하다. 혹여 김치조각이 들어가 조금이라도 고춧가루기운이 있으면 상스럽다고 하셨다.

나박김치는 어머님이 만드신 것이 가장 맛있다. 배추와 무를 나박하게 썰어 생강 마늘을 채치고 헝겊에 고춧가루를 싸서 넣고 불그레한 고춧물이 우러나게 한다. 이때 꼭 미지근한 물을 붓고 하룻밤 재워두면 맞춤하게 국물이 익는다. 국물 맛을 한입 보고나서 생굴을 보자기에 싸 넣고 미나리를 썰어 띄운다. 그리고 바로 냉장고에 넣어 두고 먹으면 그 맛이 정말 일품이다.

미리 사다 말려둔 고사리와 도라지 등의 나물거리들을 불려 삶아 두고, 엿기름을 걸러 식혜를 한다. 식혜도 서울식은 맑고 깨끗하게 만든다. 맑은 식혜 물에 하얀 밥알을 동동 드게 하고 잣을 띄운다. 그리고 빠지지 않는 음식 중의 하나가 약식이다. 약식은 당일에 먹기 위함보다는 오는 손님들에게 싸주기 위해서 만든다. 약식을 한 통씩 담아 보내면 마음이 뿌듯해진다. 이런 음식들을 만들 때면 나는 신이 난다. 온 식구들이 둘러앉아 음식을 나누는 일은 크나큰 행복이다. 모두들 입을 모아 음식 칭찬이라도 하면 더욱 신이 난다. 허리가 아프고 힘든 것은 나중 일이다.

어머님이 돌아가시고 난 후부터 나는 명절 음식을 거의 하지 않고 보내고 있다. 빈대떡과 만두도 빚지 않는다. 해도 먹어줄 사람이 없어서다. 이젠 시누이들도 각자 가정에서 당신네 자손들과 함께 지내겠다고 한다.

지난해 작은아버님마저 돌아가시고 나니 작은집 식구들도 전화 한 통화로 명절 인사를 치른다. 하지만 명절이 가까워지자 괜히 불안한 마음에 안절부절못한다. 습관처럼 경동시장까지 나간다. 명절을 앞둔 시장엔 발 디딜 틈도 없다. 다른 재래시장에 비해 무엇이든 싸고 풍성하다. 서울 사람이면 멀리 이사를 가도 한 번씩 찾는 곳이다. 시장을 한 바퀴 휘돌며 이것저것 사 담는다.

손녀가 좋아하는 갈비찜을 만들고 새우튀김을 하며 맛있게 먹어줄 사람을 찾는다. 어머님의 손맛을 그대로 전수받아 만든 나박김치가 잘 익었다. 몇 년 동안 섬기던 인도네시아 친구들도 이젠 모두 자기들 나라로 돌아가고 초대할 사람들도 없는데 여전히 음식은 만든다.

사촌형님네 아드님이 전화를 한다. 건강이 좋지 않아 못 오겠단다. 여러 해 동안 아이들을 데리고 찾아오던 조카인데 차는 막히고 고생스럽게 찾아오기가 번거로워졌나 보다. 서로 안부만 묻고 만다. 얼마 전에 결혼한 조카 내외는 오겠지. 집도 멀지 않으니 꼭 올 거 같다. 결혼하고 첫나들이니 예쁘게 상차림을 해줘야지 하고 마음먹는다.

친정어머니가 돌아가시고 나면 친정도 없어진다고들 한다더니 그 말이 맞는 듯하다. 나 역시 친정어머니가 계실 때는 일주일이 멀다하고 드나들던 친정집을 이젠 거의 가지 않는다.

오늘 같은 명절에도 갈 생각을 하지 않는다. 동생들을 만날 일이 있어도 집이 아닌 바깥에서 만나게 된다. 집은 우리의 개념으로는 건축물이다. 그러나 부모님이 안 계신 집은 집이 아니라는 것을 알게 한다. 건물이 집이 아니고 사람이 바로 집이었던 것이다.

명절에 아무도 오지 않는 집은 빈집이다. 나는 빈집에서 하루를 보내고 있다. 남편도 곁에 있고 아들 내외와 손녀딸도 왔다 갔다. 그런데도 나는 빈집에 있는 것 같은 쓸쓸함을 느낀다.

그건 바로 어머님이 안 계신 때문이다. 어머님 한 분 안 계신 거뿐인데 내가 친정집에 가지 않는 것처럼 시누이들도 조카들도 작은집 식구들도 아무도 오지 않는다. 어머님은 바로 우리 집이었다. 종일 오지 않을 사람을 기다린다. 종일 현관 벨이 울리기를 기다린다.

잘 사셨어요

늦은 저녁 친구에게서 전화가 걸려왔다. 반가운 마음으로 "그래 나야!" 하고 받았는데 이상한 전화였다. 누군가가 마구 흐느껴 울더니 "아유 무서워!" 하면서 또 계속 운다. 도저히 가늠도 안 되고 이해할 수 없었다.

발신자를 몇 번이나 확인하고 한참 동안 가만히 듣고 있었다. 분명 친구의 이름은 맞지만 내 친구가 이런 전화를 할 리가 없다. 얼마나 사려 깊고 침착한 친구인가. 순간 이름을 도용한 무슨 보이스피싱일 거라는 생각이 들었다. 그냥 전화를 끊으려다 그래도 얼른 끊지 못하고 "너 ○○ 맞아?" 하고 조심스레 물었다. 조금 억제한 듯한 친구는 "그래, 나 맞아. ○○아빠가 아침에 쓰러지셨는데 못 깨어나고 수술도 못 한대."라며 또 운다.

남편은 아침 식사를 하고 욕실에 갔다 나오더니 마루에 그냥 누워 계셔서 왜 거기 누워 있느냐고 했는데 그때가 바로 쓰러진 때였단다. 급히 구급차를 부르고 응급실로 갔지만 가망이 없다고 하더란다. 그래도 하는 맘으로 광주에까지 옮겨서 큰 병원에 갔지만 거기서도 같은 말이더란다. 별수 없이 다시 순천으로 모시고 와서 지금 중환자실에 옮겼는데 이대로 가실 거 같다고 한다.

친구는 종일 이리저리 정신없이 뛰다가 밤에 집에 돌아왔는데 아침까지 건강하던 사람이 별안간 이렇게 쓰러져서 가시게 된다는 게 도저히 믿겨지지 않았다. 혼자 집에 들어와 있자니 견딜 수 없는 설움과 무서움이 왈칵 밀려와 내게 전화를 했다고 한다. 듣는 순간 나도 이게 무슨 청천벽력인가 하여 심장이 떨리고 온몸이 경직되었다. 도저히 믿을 수 없다.

바로 몇 달 전에 우리 부부는 친구네 집엘 갔었다. 그때 만난 친구 남편은 여전히 건강하고 활기차게 살아가고 있었다. 그날도 재판이 열리는 날이라 변론을 하러 나가는 중이어서 함께 시간을 하지 못한 것을 아쉬워했다. 요즘 건강은 어떠시냐는 물음에 언제나 아내의 건강이 염려지 자신은 아무런 이상이 없다고 하며 헤어졌다. 그런 분이 어떻게 이런 일이 일어난단 말인가?

내 친구는 오래전부터 당뇨로 고생을 많이 하였다 당뇨 후

유증으로 눈도 많이 망가져 있고 혈액 투석까지 하다가 결국엔 신장이식 수술까지 했다. 친구의 남편은 평생을 아내의 건강만 걱정하며 살았다. 그런 가운데서도 이들 부부는 사회에 아주 헌신적인 삶을 살아가고 있는 모범적인 가정이었다.

변호사와 회계사인 그는 고향인 순천으로 내려가 지역사회를 위해 힘을 다했다. 로타리클럽 ○○지구 총재를 역임하며 거액을 희사하기도 했고, 가난하고 억울한 사람들을 위해 낮은 곳을 찾아다니며 품어주고 안아주는 분이셨다. 곧고 강직한 성품으로 불의에 타협할 줄 몰랐다. 어떤 권력에도 굴하지 않고, 항상 정의로움으로 모든 바람을 앞서 맞아가며 바른 말을 하는 행동하는 양심이었다.

그의 그런 성품으로 인해 인기 위주의 정치가들은 그를 회유하다 결국엔 포기하며 가장 두려워하고 경계하는 시민의 대변인이었다. 그는 진정으로 나라 걱정과 순천시의 앞날을 위해 염려하며 애쓰는 사람이었다.

아내의 사회 활동도 적극적으로 지원했다. 아내가 시의원으로 일할 때 가장 든든한 후원자였으며, 30년이 넘도록 걸스카우트의 회장으로 일하는 아내를 위해서 외조를 아끼지 않는 착하고 선한 분이었다.

시에서 운영하던 문화원이 보조금이 끊겨 폐쇄 기로에 서 있을 때 그는 모든 걸 떠안았다. 몇 년에 걸친 소송 끝에 승소하여, 시나 도의 예산을 한 푼도 지원받지 않고도 자체적으로 운영되도록 사재와 모든 노력을 기울여 정상화 시켰다. 시민들이 마음 놓고 각종 문화행사와 여러 가지 사업을 하게 만들어 놓았다.

이들 부부의 헌신은 문화원에서 혜택을 받은 많은 사람들이 입을 모아 칭송했다. 한 개인의 희생과 헌신이 한 도시의 문화생활에 지대한 영향을 끼치는 모습을 보면서 나는 친구 부부가 그렇게 자랑스러울 수가 없었다.

단걸음에 달려가지 못하고 머뭇대는 사이 부음을 들었다. 쓰러진 지 열흘 만이었다. 친구는 의외로 침착하게 모든 장례일정을 차분히 잘 진행시키고 있었다. 나처럼 서울에서 열일 제쳐두고 달려온 친구도 있었고, 자기 일처럼 몸을 사리지 않고 손님 접대며 온갖 시중을 정성들여 하는 많은 사람들이 있었다. 역시 참 잘 살아오신 분이다.

한 젊은이는 서울에서 나와 같은 열차를 타고 장례식장에 왔다. 친구네와 어떤 관계냐고 물었더니 자기는 순천이 타지인데 십 년 전에 이곳에 있는 홈플러스 매장 점장으로 발령을 받아 왔었단다. 그때 걸스카우트 회장이던 내 친구를 만났는데 얼마나 지원을 잘 해주던지 전국 매장 중에 으뜸으로 올라서기도 했단다. 처음 이곳에 발령을 받았을 때는 아무도 아는 사람이 없는 생뚱한 타지여서 잠시 혼자만 있다 가려고 했는데 결국엔 온 가족까지 데리고 와 3년을 살았다고 한다.

사업하는 중에 만난 사람을 그것도 헤어진 지가 언제인데 잠시 오는 문상이 아니고 하룻밤을 새고 발인까지 보고 가겠다는 그가 좀 의아스러웠다. 그러나 그는 당연하다는 듯이 말한다.

"이 두 분들이 어떤 분인지 잘 아시잖아요? 제가 순천에서 3년을 사는 동안 세상을 보는 눈이 달라지게 만든 분들입니다."

그랬다. 친구와 그의 남편은 이렇게 한번 인연을 맺은 사람이면 누구나 감동을 하고 늘 그에게 고마움을 안고 살게 만들었다. 어느 곳에 가든지 좋은 것을 보면 무조건 수십 개를 주문했다. "뭐하게 이리 많이 사느냐?"는 물음에 그는 언제나 "이건 맛있어서 다른 사람들과 나눠 먹으려고."라거나 "이렇게 예쁜 걸 나 혼자 갖기엔 미안해서…."라고 했다. 그렇게 친구 부부는 나눔과 봉사를 천직처럼 여기며 살아 왔다.

장례식은 문화원장으로 훌륭하게 잘 마쳤다. 부의금 전액을 SOS어린이 마을과 문화원에 그리고 종교단체에 희사하는 것으로 마무리하였다. 정말 마지막까지 잘 살다 가신 복된 분이셨다.

득템

집에서 멀지 않는 곳에 다산 정약용의 생가가 있다. 그리고 그 주변에는 몇 해 전부터 본격적으로 손질하고 다듬어 놓은 생태공원이 있다. 팔당호의 맑은 물을 품고 있는 강 건너편에는 몇 개의 산이 병풍처럼 둘러쳐져 있고 강 한쪽엔 작은 섬까지 갖춘 정말 아름다운 곳이다.

물안개가 피는 새벽녘엔 꿈꾸는 듯한 풍경이 연출된다. 낮은 산들이 우련하고 크고 작은 물새들이 자맥질하면 수면 가득 퍼져 가는 동그라미들이 파르르 떤다. 세상구경 하겠다고 튀어 오른 녀석들의 반짝이는 비늘이 눈부시다. 멈춰 서 있는 듯이 조용한 강물이 어찌나 넓은지 강인지 호순지 구분이 안 갈 정도다.

진한 녹색이 산마다 가득해지는 오월은 강물 또한 진녹색으로 물들어 있다. 강변도 싱그러움으로 가득하다. 강가엔 갈대와 부들이 흔들거리고 물새 한 쌍이 숨바꼭질하며 재재거린다. 노랑과 보라의 붓꽃이 고개를 꼿꼿이 들고 물새들의 장난을 쳐다보고 있다. 하얀 데이지가 말간 얼굴로 활짝 웃고 있다. 바닥에 쫙 깔린 탐스런 토기풀꽃까지 옛 향수를 불러온다. 마음에 살찌는 소리가 들린다.

이렇게 아름다운 강과 강변 전부를 혼자 독차지했다. 코로나19로 인해 사람들의 발길이 막혔기 때문이다. 득템이다. 아름다운 영상을 담아 여기저기 보내본다. 함께 눈호강이라도 해보자는 건데 반응이 없다. 처음 코로나19에 갇혀 있을 때는 즉각 답하던 페친들도 이젠 답하기도 귀찮아진 건가 보다.

강바람이 귓가를 간질거린다. 사랑하는 사람들의 숨결 같다. 아, 보고 싶다. 강물 위에 아른대는 내 사랑들. 깊은 곳에서 차고 올라오는 그리움. 이리도 사무치게 그리운 것은 오롯이 그들과의 아름다웠던 시간을 펴 올려주고 있는 이 고요함과 사랑의 속삭임 때문이다. 아직도 손끝에 남아 있는 감촉이 생생하기만 하다.

이런저런 이야기를 나눠본다. 요즘 지내는 근황도 말해보고 아이들의 소식도 들려준다. 환하게 웃는 딸의 얼굴도 보이고, 다정스런 어머니의 모습도 보인다. 거실에 둘러앉아 함께 예배드리던 모습도 보인다. 하고 싶은 이야기가 많다. 그러나 목이 메일 뿐 말이 되어 나오지 않는다. 그냥 뜨거운 눈물만 흐르고 가슴이 답답해진다.

풍덩하는 물고기의 소리에 깜짝 놀라며 주위를 둘러본다. 아무도 없이 홀로 있다는 생각이 들자 조금 전에 느꼈던 것들이 환상과 환청이었음을 알게 한다.

주변에 있는 작은 꽃을 따서 강물에 띄운다. 그리운 이들의 얼굴이 지워진다. 강물은 흐르지 않는 듯하지만 흐르고 있다. 뿌려진 꽃들이 맴돌면서도 조금씩 멀어져 간다. 깊게 자리 잡은 아픔이 세월이 간다고 치유되는 것은 아니다. 그냥 들추지 않고 덮고 있을 뿐이다.

무언가 다 받아줄 것 같은 강물과 이런저런 이야길 나눠본다. 잠시 내 삶에 쉼표를 찍어 본다. 70년의 세월이 지났다. 참으로 긴 세월을 산 것 같기도 하고 순간에 지나온 것 같기도 하다. 결혼 전까지는 부모님의 사랑을 듬뿍 받으며 살아왔다. 항상 나를 자랑스럽게 생각하며 집안의 기둥처럼 여기셨다. 그 사랑은 늘 열정적으로 살게 하는 힘이 되어 주었다.

좋은 남편과 인자하신 시부모님을 만나 사랑 받으며 살아온 나날들. 삼남매를 낳아 잘 길러낸 일들. 그때는 좀 분주했지만 무척 행복한 시기였지. 허지만 사랑하는 사람들을 먼저 보낸 아픔이 가장 가슴에 무겁게 남아 있다. 어떤 일을 당하든 매 순간에 최선을 다하며 살아온 것 같다. 이렇게 견디고 서 있는 것이 어떨 땐 스스로 대견하게 느껴진다.

코로나19로 갇혀 있는 동안 두 가지 자격증을 얻었다. 바리스타와 노인심리상담사 자격증이다. 어딘가에서 조금쯤 도움을 줄 수 있는 손길이 되고 싶어서다. 내게 남은 시간은 얼마쯤 일지 모른다. 바라기는 하나님이 부르시는 날까지 열정을 잃지 않고 살아 나갔으면 한다.

몇 가지 일을 마음으로 정리해 본다.

첫째, 사람들과의 사이에서 시시한 일에 시간을 소비하지 말자. 돌이켜 보면 아주 사소한 일에 마음을 뺏기고 아파하는 일들이 많았다. 이젠 더 큰 마음으로 모든 것을 안아주고 사랑해 주자. 남은 날들 사랑하며 살기에도 바쁠 거 같다.

둘째, 작은 것도 남에게 폐가 되거나 사랑의 빚이라도 지는 일은 없어야겠다. 혹시 갚지 못하고 떠나는 일이 있으면 안 되겠기에 말이다.

셋째, 어느 날이든 하나님께서 부르시면 금방 '예' 하고 산뜻하게 나설 수 있었으면 좋겠다. 그리고 하나님 앞에 서는 날 너무 부끄럽지 않았으면 좋겠다. 조금이라도 칭찬을 들었으면 좋겠다. 그리고 기쁨으로 갔으면 좋겠다.

이렇게 잠시 내 삶에 쉼표를 찍고 지나온 날들과 살아갈 날들을 정리해 본다. 오늘이 소중하다.

엄마의 발

대야에 따뜻한 물을 떠다가 조물조물 엄마의 발을 씻겨드린다. 발바닥을 간질여본다. 발이 옴찍거린다. 그 옴찍거리는 느낌이 좋다. 아이들을 키울 때 목욕을 시키면서 발을 가지고 만지작거리며 장난을 치곤했다. 작고 앙증스런 발이 어쩜 그리도 사랑스러운지 발을 빨아도 보고 간질여 보기도 하면서 발을 가지고 놀던 때처럼 엄마의 발을 가지고 장난을 쳐 본다.

"엄마 간지러운 거 알아?"

"그럼 알지 모르니? 간지럽다. 그만해."

엄마의 발은 무척이나 작고 보드라워져 있다. 물에 푹 담가 부드러워진 발톱을 조심스레 갉아내고 다듬는다.

2년 전 처음으로 엄마의 발을 보게 되었다. 엄마의 발톱은 마치 마당에 놓아기른 닭 발톱마냥 딱딱하고 나무 등걸처럼 몇 겹이었다. 발톱깎이를 아무리 벌려도 발톱을 깎아 드릴 재간이 없었다. 가위로 조금씩 깎아 보기도 하고 갖은 애를 써도 속살까지 파고드는 발톱이 좀처럼 나아지지 않았다.

"발톱이 이 지경이 되도록 왜 그냥 두었어요?"

"아픈 곳이 어디 한두 군데라야 발톱에 신경을 쓰지, 발톱은 아무 볼 사람도 없고 아프진 않으니 괜찮아."

엄마의 발톱을 보고난 후부터 나는 신경이 쓰였다. 엄마를 만나러 가는 날마다 작정을 하고 발을 씻기고 다듬어 약을 발라드렸다. 이젠 그 딱딱하고 두껍던 발톱이 다 없어지고 속살같이 보드라운 발톱이 새로 나와 있다.

엄마는 지금 많은 기억들을 놓고 계신다. 이야기를 하다보면 이치에 맞는 말씀만 하시고 아직도 사리분별이 확실하건만 방금 했던 이야기도 기억하지는 못한다. 그래도 내가 가면 "아이고 내 새끼 왔네!" 하며 반기신다. 나는 엄마의 얼굴에 내 얼굴을 부비면서 꼭 안아 드린다. 점점 아기처럼 작아져만 가는 엄마를 짠한 마음으로 안으면서도 크게 웃으며 사랑한다고 다시 볼을 맞대며 부비면 엄마는 정말 행복한 미소를 짓는다.

엄마는 늘 종종걸음을 치며 살았다. 8남매 어미의 손발이 쉴 틈이 어디 있었으랴마는 유난스러운 부지런함과 지나칠 만큼 정갈함 때문에 더 종종거릴 수밖에 없었다. 초인종이 울리면 온 식구들이 다 같이 밥을 먹다가도 맨 먼저 뛰어 나가는 엄마였고, 우리들이 제발 들어오시지 말라고 손사래를 칠 때까지 목욕하는 기척만 알면 욕실에 들어와서 등을 뽀드득 거릴 때까지 손수 때를 밀어주고 등짝을 다독거려야만 만족하는 엄마였다.

속옷은 꼭 삶아 입어야 한다면서 매일 빨래 삶기를 거른 날이 없었다. 어쩌다가 삶은 빨래를 내가 그냥 헹구어 널기라도 하면 어느 틈에 걷어다가 뜨거운 물에 푹 담갔다가 다시 널곤 했다. 그런 삶은 엄마의 다리를 걷지 못하게 만들었고, 두 자식을 먼저 보내고 아파하던 가슴은 이젠 아픈 기억들조차 다 지워 버리게 만들었다.

지난여름 교회 학교 학생들과 수련회를 하면서 우리는 세족식 프로그램을 진행했다. 세족식은 예수님이 제자들의 발을 손수 씻어 주면서 섬김의 본을 보이셨던 일이다. 선생님들이 아이들 하나하나의 발을 씻겨 주었다. 침묵 속에 아이들과 선생님이 하나가 되었다. 손끝과 발끝으로 이어주는 사랑의 흐름이다.

아이들을 다 보내고 이번에는 청년 선생님들이 나이든 선생님들의 발을 씻겨 주고 기도해 주는 시간을 가졌다.

내 발은 한나에게 맡겨졌다. 한나는 어렸을 때부터 교회 안에서 쭉 자란 청년이고 고등부 때는 직접 가르치던 아이여서 나를 잘 안다. 그래선지 내 발을 잡고 한참을 그냥 울먹인다. 그가 아무 말도 못하고 그렇게 울먹이는 마음을 안다.

"한나야, 선생님 괜찮아. 네가 선생님을 위해 기드하는 순서야."

가만히 속삭이며 안아 주었다.

"선생님 사랑해요."

끝내 한마디도 하지 못하고 만다.

발레리나 강수진의 발을 본 적이 있다. 그 발은 정말 예쁘고 아름다운 그녀의 모든 외모와는 너무도 이질적이었다. 굳은살이 박이다 못해 옹이가 두껍고 더께가 앉은 험한 발이었다. 그러나 그녀에게 있어서 이 험한 발은 훈장처럼 아름다운 발이었다. 어쩜 그녀가 감추고 싶었을 그 발이 인터넷에 '세상에서 가장 아름다운 발'이라는 제목으로 오른 일이 있었다. 그녀의 발을 본 많은 사람들은 발이 그렇게 되기까지 그녀가 흘리고 흘렸을 피와 땀을 상상하면서 크게 감동을 받았다.

엄마의 발을 조물거리면서 엄마의 기억들을 하나 둘 건져 올려 본다.

"엄마, 나 어렸을 때 물에 떠내려갔던 일 생각 나?"

"얘, 말도 말아라. 그때 영락없이 너 잃는 줄 알았어. 그래도 살려니까 마침 어떤 사람이 널 구해 줘서 살아났지."

60년이 다 되어 가는 아득한 일이건만 엊그제 일처럼 소상히 기억하신다.

물을 세 번째 떠다가 발을 헹군다. 약을 정성껏 발라 드리면서 아버지 이야기를 한다. 아버지 이야기를 하면 언제나 엄마의 눈은 반짝인다. 아버지가 아직 살아 계신 줄 알 때도 있다.

"네 아버지는 뭐든지 참 잘해."

아직 따뜻하고 옴찍거릴 줄 아는 엄마의 발을 만지작거리는 이 시간이 나는 참 행복하다.

"허리 아픈데 그만 해라."

우리 엄마 여전히 딸을 걱정하신다.

결과를 아는 게임

스포츠에 열광하는 이유는 각본 없는 연출로 펼쳐지는 흥미진진함에 있지 않을까? 모든 스포츠가 손에 땀을 쥐게 하기도 하고 예상과 다른 결과로 승패가 판가름되기도 한다. 자신이 응원하는 선수나 팀이 이겼을 때는 흥분하며 선수들과 함께 기뻐한다.

그러나 졌을 경우에는 실수한 선수를 향해 욕을 퍼붓기도 하고 원망을 하기도 한다. 최선을 다했는데도 아슬아슬하게 지는 경우에는 당사자 못지않게 아쉬워한다. 이렇게 스포츠 경기는 결과가 어찌 될지 아무도 모르기 때문에 더욱 흥미진진한 것이다.

가끔 결과를 다 아는 경기를 녹화로 다시 보게 되는 경우도 있다. 이때는 모든 것의 상황이 완전히 다르다. 전반전에 어떤 실수를 해도 너그럽고 여유롭다. 후반전에 이길 것을 미리 알기 때문에 조금도 초조해지지도 않고 마음을 졸이거나 애를 태우지도 않는다.

야구 경기의 경우 만루에서 홈런을 맞는 최악의 상황이 와도 느긋한 마음이다. 아직 9회 말이 아니니까. 그리고 분명 9회 말에 역전의 홈런이 쏟아져서 예상을 뒤엎은 결과가 있음을 알기 때문이다.

요즘 들어 죽음에 대해서 더 많은 생각을 하게 된다. 가까운 형제와 지친의 죽음을 맞이하며 어떻게 살다갈 것인가를 늘 묵상하게 된다. 며칠 전에 돌아가신 김동길 교수는 이디 2011년에 자신의 육신은 의학도에게 기증하고, 살고 있던 집도 학교에 기증한다는 유언을 남기셨다. 참으로 그분답게 가는 길을 홀가분하게 하고 떠나셨다.

아름다운 죽음이라는 말이 있다. 사실 죽음이라는 게 꼭 슬픔만은 아니다. 가야 할 곳으로 돌아가는 것뿐이다. 돌아갈 곳이 정해진 죽음은 아름답다. 죽음은 하나의 통과의례가 되고 죽음은 번데기가 나방이 되어 나는 것 같은 과정이 된다.

인간이 영원히 산다거나 수백 년을 산다는 것은 불행이다. 육신을 가진 자는 늙고 병듦을 피할 수 없다. 노년의 대부분이 병원 순례가 일상이며 식탁에 가득히 쌓여있는 약봉지들을 시간마다 챙기는 것으로 하루가 간다. 그런 우리에게 죽음이 있다는 것이 얼마나 다행이고 감사한 일인가.

성경에는 '한번 죽는 것은 사람에게 정해진 것이요 그 후에는 심판이 있으리니(히브리서 9장 27절)' 죽음 이후에는 천국과 지옥이 있음을 분명히 이야기하고 있다. 또 한 부자와 나사로의 이야기도 나온다.

> 그가 음부에서 고통 중에 눈을 들어 멀리 아브라함과 그의 품에 있는 나사로를 보고 불러 이르되 아버지 아브라함이여 나를 긍휼히 여기사 나사로를 보내어 그 손가락 끝에 물을 찍어 내 혀를 서늘하게 하소서 내가 이 불꽃 가운데서 괴로워하나이다(누가복음 16장 23-24절)

부자는 살았을 때 호화로운 옷을 입고 날마다 거들먹거리며 살았다. 그러나 거지 나사로는 그의 대문 앞에 버려진 채 온몸은 헐어 있고 굶주린 상태로 그 부자의 상에서 떨어진 부스러기를 주워 먹고 있었다. 그때에 그 집의 개들이 와서 거지 나사로의 몸의 헌데를 핥더라고 씌어 있다. 부자는 거지 나사로에 대해선 개처럼 취급하며 한 푼의 동정도 베풀지 않았다.

그런 부자가 죽어서 자신은 지옥 불꽃 가운데서 고통 받으며 있는데 눈을 들어 멀리 천국을 바라보니 아브라함의 품에 안겨 있는 거지 나사로를 보았다. 그때 부자의 간절한 소원은 '손가락 끝에 물을 찍어 내 혀를 서늘하게 하소서'였다.

세계적으로 유명한 디자이너인 배상민 카이스트 교수의 이야기를 들었다. 그는 독특하고 뛰어난 아이디어로 성공한 디자이너이다. 그는 뉴욕 파슨스 디자인 학교에 입학 당시부터 특별하였다. 자화상을 그리는 게 입학시험이었다. 모두 세계에서 재능 있는 학생들이 미술을 전공하고 들어오는 학교다. 인문계 출신인 그는 자신의 몸을 에스레이로 찍어 거기에다 자신 안에 담겨진 욕구를 칠하여 냄으로써 다른 사람과의 차별화로 합격하였다.

세계적으로 유명한 기업의 디자인을 해냈고 27세의 나이에 파슨스 뉴욕대의 교수로 8년 동안 재직했다. 그런 그가 어느 날 자신이 만든 그 유명한 디자인이라는 게 소비자를 현혹하는 고급 쓰레기에 불과하다는 것을 깨닫고 삶의 방향을 바꾸게 된다.

카이스트 교수로 귀국한 그는 모든 삶의 주파수를 하나님이 원하시는 곳으로 맞추기로 작정하며 월드비전과 함께 제3세계 사람들을 위한 프로젝트를 진행한다. 그들에게 꼭 필요한 것을 만들어 보급하며 나눔의 삶을 살아가고 있다. 지난 15년 동안 하루에 4시간씩만 자고 노력하여 세계적인 유명한 디자인상을 2개 타게 되어 유명인이 되었는데 하나님이 원하시는 삶을 살겠다고 바뀐 다음부터 놀라운 일이 일어났다. 2022년까지 무려 53개의 상을 휩쓸어 아무도 넘보지 못할 신화적인 사람이 되었다.

그의 목표는 분명하다. 마지막 날 그곳에 갈 때 하나님께서 '잘 하였도다 착하고 충성된 종'이라는 말을 듣고 싶다는 것이다. 결과가 나와 있는 재생 테이프를 보듯 뻔히 알고 있는 날이 우리에겐 온다. 하나님 앞에 설 때 어떤 말씀을 듣게 될까? 내게도 작은 칭찬이라도 해주실까? 그저 하루하루를 감사와 기쁨으로 채우며 하나님의 뜻을 더 많이 알기를 소망해 본다.

샹그릴라

- 제임스 힐턴 『잃어버린 지평선』

자연인이라는 말을 방송에서 자주 듣는다. 자연인이라는 사전적 의미는 '사회나 문화의 영향을 받지 않은 사람. 태어난 대로의 사람'이다. 사회적 동물인 사람이 사회나 문화의 영향을 받지 않고 살아간다는 것은 현대사회에서 쉬운 일은 아니다. 그럼에도 상당히 많은 사람들이 산속의 오지에서 혹은 외딴 섬에서 홀로 살아가고 있는 모습을 본다.

그들의 살아가는 모습을 보면 모든 게 궁색스럽고 불편한 생활을 하고 있다. 그들은 어려서 그렇게 살던 것이 구차스럽고 힘들어서 그것을 벗어나고자 노력하고 애쓰며 수십 년 동안 치열하게 살던 사람들이다. 이젠 사업에 성공하였고 이만하면 됐다 하는 순간 병을 얻거나, 사업이 실패했거나, 가까운 사람에게 배신을 당했거나 아무튼 이런저런 사연으로 도시를 떠난 사람들이다.

영국의 작가 '제임스 힐턴'이 쓴 『잃어버린 지평선』이라는 소설의 무대가 히말라야 산중에 있는 신비의 낙원 '샹그릴라'다. 동남아 여행지에서 '샹그릴라(shangrila)'라는 호텔에 몇 번 든 적이 있었다. '충족된 평화의 이상향' '신비롭고 아름다운 산골짜기 또는 그런 장소를 비유적으로 가리키는 말'이라는 의미를 담고 있다는 것을 알고 환상을 꿈꾸며 들었다.

주인공 콘웨이는 바스쿨 영국 영사관에 10년이나 근속한 37세의 유능한 외교관이다. 1931년 5월 바스쿨 토착민들이 폭동을 일으키자, 그는 최후까지 그곳에 머물면서 백인을 슬기롭게 피난시킨다. 그는 그 후 비행기로 바스쿨을 떠났다고 전해졌으나 곧 소식이 끊기고 만다.

몇 개월 후, 그의 옛 친구 레더퍼드는 그가 극도의 피로와 기억상실증 때문에 병원에 있다는 것을 알게 된다. 차츰 되살아나는 기억을 더듬어 가며 이야기 하는 그의 체험담이 이 작품의 줄거리가 되는 동시에 독자까지도 몽환의 세계로 데려가는 듯한 착각마저 일으키게 한다.

콘웨이가 바스쿨을 떠날 때 동승한 인물은 선교사 브린클로 여사, 영사관원 멜린슨 대위, 미국인 바너드다. 비행기가 이륙 후 멜린슨은 목적지로 향하지 않는 걸 안다. 토착민이 감시하는 급유소에서 연료를 보급 받은 후 다시 비행하는 비행기의 진로와 조종사의 태도는 아리송하다. 산악지대에 충돌할 뻔한 비행기는 간신히 히말라야 산중처럼 보이는 곳에 불시착하고 부상한 조종사는 '샹그릴라'라고 하는 라마사원을 중얼거리고 죽는다.

네 사람은 그 사원을 찾아 나선 후 산중에서 몇 사람과 마주친다. 그들의 안내로 라마사원에 도착한다. 그들은 라마사원에 도착하자 라마사원의 현대적 시설에 깜짝 놀란다. 난방시설, 수도, 도서실, 음악실 등 모든 것의 가구와 피아노까지 완벽하게 현대문명의 고급품들이 그곳에 있었다. 수천, 수만 마일 떨어진 다른 세계인 이곳, 비행기도 차량도 접근할 수 없는 곳에 있는 이 현대물질들에 대해 어떻게 설명할 것인가. 모든 게 이해할 수 없었다.

네 사람은 호화로운 객실에 안내되어 융숭한 대접을 받는다. 콘웨이는 라마사원의 승정과 면회를 허락받고 그로부터 불가사의한 이야기를 듣는다.

1734년 가톨릭 페로 신부가 산에서 길을 잃고 이곳 라마사원에 당도하였다가 마침내 개종하고 스스로 불로의 영약과 산악지대의 정기를 마셔 1789년 90세의 나이로 라마교 교주가 되었다. 이후 유럽인, 아시아인, 쇼팽의 프랑스인 제자, 65세의 나이인데도 소녀 같은 중국 여성이 있었다.

세계대전이 있었지만 이곳은 멸망하지 않고 신세계의 중심이 된다는 게 라마교주의 교조이다. 교주는 죽음을 앞두고 콘웨이를 후계자로 정하고 250세의 나이로 죽는다.

멜린슨은 중국 아가씨가 실제로 65세의 노인이라는 것은 상상도 못하고 그녀를 데리고 샹그릴라를 탈출하려고 한다. 콘웨이는 멜린슨과 중국 아가씨의 신변 보호를 위해 인부를 고용해 함께 탈출했으나 의식을 잃고 중국 병원에 입원하게 되었다.

이것이 콘웨이가 의식을 회복하고 들려준 이야기다. 콘웨이를 병원에 데려온 중국여인은 67세 정도의 노파였다는 것을 알고 레더퍼드는 그의 말을 믿으려 한다. 그러나 콘웨이는 병원에서 종적을 감추고 만다. 레더퍼드는 그가 다시 '샹그릴라'에 무사히 안착하기를 마음속으로 빈다.

사람들은 마음속에 하나의 이상향을 그리며 산다. 그 이상향은 세월이 가도 늙지도, 죽지도, 아프지도 않으며 행복하게 영원히 살 수 있는 곳을 꿈꾼다. 그래서 중국의 '무릉도원' 이야기가 있고, 샹그릴라의 이야기가 있다.

많은 자연인들이 편리한 문화생활을 버리고 깊은 오지에서 불편을 감수하며 살아가면서 한결같이 지금 현재 그곳의 삶이 정말 행복하고 만족하다고들 한다. 그렇다면 우리가 추구하는 성공은 무엇이며 현대인들은 진정한 행복을 모르고 살아간다는 것일까?

우산

우산꽂이에 우산이 가득하다. 수북이 꽂혀있는 우산을 꺼내 놓고 보니 우리 집에 이렇게나 많은 우산이 있었나 하고 놀랐다. 어림잡아 스무 개는 된다. 어디선가 받아와서 아직 포장지도 뜯지 않고 그냥 둔 것도 십여 개가 넘는다.

우리 집 우산은 대부분 어느 기념행사에서 선물로 받은 것들이다. 크기도 갖가지다. 골프용이라는 긴 것에서부터 일반적으로 많이 들고 다니는 2단용 검정 우산과 한 손에 쏙 들어가는 가볍고 작은 3단 우산, 그리고 더 작은 초경량 우산까지 있다. 모양과 크기는 다 다르지만 하는 일은 똑같이 비로부터 나를 보호해 주는 일이다.

어릴 적에 우리 8남매의 비 오는 날 아침은 아우성이었다. 우산이 식구 수대로 있는 게 아니어서 일찍 나가는 순서대로 가지고 가다 보면 나중에 나간 사람은 망가진 비닐우산 차지밖에 안 되었다. 학교가 같은 형제끼리는 함께 쓰고 가기도 했지만 두 사람이 한 우산에 들어가서 비를 피하고 학교에 도착했을 땐 옷은 다 젖어 있고 신발도 푹 젖어서 눅눅한 상태로 하루를 보내곤 했다. 비바람이 심한 날 부실하기 짝이 없는 우산은 쓰나 마나 했다. 우산살이 꺾이고 뒤집혀 못쓰게 되었다. 그러나 망가진 우산도 버리지 않고 잘 챙겨 가지고 왔다. 비 온 다음 날이면 동네마다 우산 고치는 아저씨가 다녔다. 우산살이 빠지고 부러진 것도 그 아저씨의 손에만 가면 새것처럼 고쳐졌다.

그때는 오롯이 나만의 우산을 갖는 것이 꿈이었다. 비가 오지 않은 맑은 날 마당에 우산을 펼치고 소꿉놀이를 할 때가 있었다. 이때 우산은 한 채의 집이 되어 주었다. 작은 아이는 그 작은 집안에 누워서 행복을 꿈꾸곤 했다. 우산 안이 희한하게도 우주처럼 느껴지기도 했다. 우산 하나 펼쳤을 뿐인데 그 안에서 모든 걸 다 가진 듯한 느낌을 얻었다.

내가 열 살 남짓 했을 때였다. 밤이 꽤 깊은 시각인데 무등산 아래에 있는 외숙모 친정댁에 오빠와 함께 심부름을 가게 되었다. 그곳에 가는 중간에 공동묘지가 있는 작은 산이 있다. 낮에도 가기 꺼리는 곳을 어린 남매가 비 내리는 밤에 가게 된 것이다. 오빠와 나는 너무 무서워서 우산을 푹 눌러쓰고 두 손을 꼭 잡고 노래를 부르며 다녀왔다. 그때 우산 속이 얼마나 든든하고 평안을 주는가를 알았다.

오늘처럼 굵은 비가 내리는 날 우산을 펴들고 천천히 걷는 것을 나는 참 좋아한다. 땅 위에 수많은 동그라미를 그리며 퍼지는 물방울을 뒤쫓아 가며 톡톡 터뜨리는 빗줄기를 바라보면 신이 난다. 이런 날 우산 속은 음악을 만들어 내는 녹음실이 되기도 하고, 그림을 그리는 화실이 되기도 한다. 수많은 생각들을 불러오며 새로운 상상의 세계를 그려내기도 한다.

좋은 친구와 한 우산을 쓰고 함께 빗속을 걷는 것은 소소한 행복이다. 무슨 특별한 말은 나누지 않아도 한 우산 속에 있는 것만으로도 충분하다. 그러나 함께할 친구가 없어도 상관없다. 흠뻑 내린 빗속에서 온몸을 가릴 줄도 모르고 그냥 내어놓고 서 있는 나무들을 보고 있노라면 모든 나무들이 다 친구가 된다. 다른 세상 속에 든 것 같다. 이파리 하나하나에 맺혀있는 그 수많은 수정 물방울들, 엄청난 보물을 혼자 다 가진 황홀함에 잠긴다. 어느 예술가가 이처럼 아름답고 위대한 것을 묘사할 수 있겠는가.

사랑하고 다정한 사람끼리는 우산이 두 개여도 한 우산을 쓴다. 한쪽 어깨가 다 젖어도 좋다. 늦은 밤 정거장에서 연인을 기다리며 우산을 펴들고 서 있는 사람은 아름답다. 사랑하는 사람이 힘들어할 때 우산 속에서 나누는 속삭임은 큰 위로가 되어 준다. 이때 내리는 비는 세상을 아름답게 만들어주는 것이고, 우산은 성처럼 든든하고 힘이 나게 만들어 준다.

부부란 한 사람이 또 한 사람의 우산이 되어 주는 것이다. 그런 우산 속은 늘 평안하다. 안전하다. 항상 같은 자리에서 우산을 들고 서서 씌어 주는 사람. 그 작은 우산이 참 많은 것을 지켜낸다. 한 우산 속에서 같은 곳을 바라보며 함께 가는 그들은 참 귀하게 사는 부부다.

그러나 때론 우리의 우산으론 도저히 막을 수 없는 싹쓸바람을 만나기도 한다. 그때 우산은 아무런 도움이 되지 않는다. 차라리 우산을 접고 맨몸으로 비바람 앞에 선다. 그때에 그 거대한 바람 사이로 들려오는 아주 세미한 음성을 듣게 된다. 온몸에 부어지는 빗줄기 가운데 날 위해 흘리시는 그분의 눈물을 보게 된다. 그냥 엎드린다. 다 맡기는 거다. 그리고 눈을 들어 나보다 나를 더 아시고 더 사랑하시는 그분의 우산이 나를 언제나 보호해 주고 덮어 주심을 알게 된다. 어떤 비바람에도 흔들리지 않는 것은 그분의 우산 안에 내가 있음을 아는 까닭이다. 쏟아지는 빗줄기를 바라보며 감사를 세어본다.

오빠오빠오빠

들판도 논도 다 분홍빛이다. 자운영 꽃이 만발하니 세상이 모두 분홍이 되었다. 작은 계집아이는 오빠의 손을 잡고 나비를 잡아 달라고 조르고 있었다. 오빠는 살금살금 돌아다니며 나비를 잡으려다 놓치고 또 잡으려다 놓친다. 겨우 흰나비 한 마리를 잡아다 동생의 손가락에 넘겨주자 동생은 기겁을 하고 무섭다며 놓아준다.

내가 초등학교 2학년 때 오빠와 난 시골로 전학을 가게 되었다. 내가 지금 시골이라고 했는데 실은 같은 읍내에서 십리가 떨어진 마을로 갔을 뿐이다. 그런데도 마치 도시에서 시골로 간 것만큼이나 모든 게 달랐다. 지금까지 살던 곳은 읍내 중심지였다. 집 주변에 읍사무소와 법원 그리고 경찰서가 있었다. 대서소라든지 점포도 있었고 집도 기와집과 일본식 집이

대부분이었다. 사람들도 거의 관공서에 다니는 사람들이어서 제복을 입었거나 양복을 입은 사람이 많았다.

멀지 않은 곳엔 장터와 차부라 불리는 버스 터미널도 있었다. 장날이면 사람들이 사방에서 모여들어 북적거렸고 버스를 타면 광주로 목포로 갈 수 있었다. 온갖 물건들이 흔하고 사람들도 모두 윤이 났다.

그런데 새로 이사 온 곳은 너무 시골이었다. 첫째 전깃불이 안 들어왔다. 둥근 유리호롱불에 석유를 넣고 불을 켰다. 어두컴컴하고 답답한 것은 말할 것도 없고 석유 그을음에 머리가 아프고 코가 새카매졌다. 새로 전학 간 학교는 정말 조그마한 곳이었다. 한 학년에 한두 반만 있었고 반 아이들도 적었다. 전학 간 첫날 교장선생님은 우리 남매를 운동장에 있는 단상에 올라오라 하고선 읍내서 전학 온 학생이라며 인사를 시켰다. 단상에서 아이들을 내려다보니 마치 딴 나라 아이들 같았다. 책을 보자기에 둘둘 말아 허리에 매고 있는 모습이나 검정 고무신과 허름한 무명옷의 모습이 무척 낯설었다. 읍내 학교 아이들과는 옷과 가방 그리고 신발이며 생김새까지 달라 보였다.

오빠는 언제나 내 손을 꼭 잡고 다녔다. 시골에 오니 무서운 게 참 많았다. 제일 무서운 게 뱀이었다. 논두렁에서 뱀허물을 만나 기겁을 하면 오빠는 용감하게 막대기로 휙 걷어주며 놀라지 말라고 하기도 하고, 팔짝 뛰는 개구리를 보고 징그럽다고 오빠에게 매달리면 개구리는 무서운 것도 해를 주는 것도 아니라고 다독거려 주기도 했다.

함께 놀만한 아이들도 없었다. 집이 산 너머 멀리서 오는 아이들이 많았다. 또 같은 반이라고 해도 또래가 아니었다. 서너 살 많은 아이들이 대부분이었고 학교가 파하기가 바쁘게 소꼴을 베러 달려가는 아이들이 있는가 하면 여자애들은 집안일과 동생들 돌보기로 놀 틈도 없었다.

언제나 오빠에게 이것저것 만들어 달라고 했다. 그림을 특별히 잘 그리던 오빠는 내가 원하는 것이면 무엇이든 다 그려주고 만들어 주었다. 호랑이도 낙타도 말도 진짜처럼 잘 그렸다. 오빠가 그린 그림을 오려서 함께 여러 가지 놀이를 하며 놀았다. 친구들이 없어도 심심하지 않았다. 수수깡으로 여러 가지 모양을 만들기도 하고, 나무 막대기에 얼굴을 만들어 붙이고 잔디 풀로 머리카락 모양을 해서 인형놀이도 했다.

시골학교엔 2년도 다니지 않아 광주로 이사하게 되었다. 오빠는 그림실력이 워낙 뛰어났다. 전학 오자마자 각종대회에 나가 입상을 했다. 나 역시 글짓기를 잘 해 여러 대회에 학교 대표로 나가 입상을 하고 나니 우리 남매는 금방 유명해졌다. 오빠는 내가 무슨 대회에 나갈 때마다 무조건 젤 잘한다고 칭찬을 아끼지 않았다. 오빠에게 있어서 나는 세상에서 제일 똑똑하고 착하고 예쁜 동생이었다.

오빠를 부를 때면 한 번도 그냥 "오빠!" 하고 부르지 않았다. 곁에 있을 때든 아니면 저만큼 떨어진 곳에 있든 언제나 큰소리로 "오빠오빠오빠!" 숨차게 불렀다. 그럴 때마다 오빠는 활짝 웃으며 "응!" 하고 다가오곤 했다. 그리 부르는 것이 버릇이 되어 청년이 되어서도 그렇게 불렀고 늘 다정하게 서로를 아끼며 살았다.

며칠 전에 큰시누이가 여러 날을 우리 집에서 지내다 갔다. 같은 서울에 살면서 각자 가정을 가지고 살다보면 친정집이라 해도 다니러 왔다 당일에 가지 며칠씩 머물 일은 없다. 그런데 금년 초에 시누이 남편이 갑자기 돌아가셨다. 홀로 된 누이동생을 남편은 몹시 걱정을 하며 며칠이라도 집에 와 있으라고 했다.

시누이가 집에 와 있는 동안 남편은 무척이나 기뻐했다. 매사에 늘 무심한 듯한 남편에게도 그런 면이 있었는가 싶게 다정스레 동생에게 대한다. 전부터 큰여동생을 유난히 더 아끼고 사랑하는 줄은 알고 있었지만 그렇게 다정스레 대해주는 모습을 보니 불현듯 나도 오빠 생각이 났다.

내게도 저렇게 다정하고 사랑하는 오빠가 있었지. 그 오빠가 지금도 내 곁에 있다면 매사에 얼마나 든든하고 좋았을까. 아마 지금도 "오빠오빠오빠!" 재잘거리며 온갖 이야기를 주고받고 했겠지. "오빠!" 하고 부르며 다정스레 대화를 나누는 오누이 틈에서 오래전에 내 곁을 떠나간 우리 오빠가 많이 생각나고 보고 싶었다.

책장 한 구석엔 마치 인쇄한 활자처럼 단정하고 예쁘게 쓴 오빠의 노트가 한 권 있다. 오랜만에 노트를 꺼내 읽어본다. 오빠가 올케언니와 사랑을 나누던 이야기들이 적혀있는 사랑의 일기장이다. 오빠는 아주 달콤하고 감미로운 언어들을 많이 썼다. 오빠는 올케를 '샘'이라 불렀고 자신은 '돌'이라 칭했다. '샘'에게선 언제나 생수 같은 단물이 넘치고 있었다. 그들의 사랑의 글을 읽고 있자니 솔로몬의 아가서보다 더 진한 사랑의 애가들이다.

그들의 아름다운 사랑이 불의의 사고로 끝나고 오빠는 영원한 하늘나라로 떠나갔다. 홀로 살아남은 올케는 오랫동안 힘들게 살다가 우리와의 인연을 끊고 말았다. 유품 속에서 발견한 이 노트는 올케한테 전하지 못한 채 남아 있다가 내 손에 들어왔다. 노트엔 아직도 언제나 다정스레 내 손을 잡아 주던 오빠의 체취가 남아 있다. "오빠오빠오빠!" 그때처럼 불러본다.

진도의 소리

코로나19로 모두의 발이 묶였다. 해외나들이로 세월을 보내던 많은 사람들이 국내여행으로 발길을 옮기고 있다. 금년에는 남도의 이곳저곳이 새롭게 사람들의 입에 오르내린다. 그중에서도 가장 인기를 끄는 곳이 진도인 듯하다. 금년에 가장 많은 관광객이 들었다 한다.

미스트롯의 송가인 생가를 찾는 관광객도 한몫을 했다는 이야기가 있다. 사실 국내여행지에서 남도 땅은 그리 큰 인기를 얻지 못했었다. 수서에서 SRT고속열차를 타면 2시간 30분이면 닿는 곳이 목포요, 그곳에서 다리 하나만 건너면 진도이건만 진도라 하면 모두들 까마득히 먼 곳으로 인식되어 있었다.

지금이사 이렇게 빠른 고속열차도 생겼고 진도대교도 놓여 있어 섬 아닌 섬이지만 몇 년 전만 해도 목포까지 4~5시간이 걸렸고 그곳에서 다시 섬으로 들어가야 하는 진도는 먼 곳이 맞다. 조선시대 귀양살이 가는 곳이 진도였고 진도 앞바다 울돌목은 맴도는 물살이 세기로 세계적으로 유명한 곳이다. 그 물살을 이용하여 이순신 장군이 왜적을 무찔렀던 곳이니 말이다.

진도는 땅이 비옥하고 너른 토지를 갖고 있어 농산물과 수산물이 풍족한 땅이다. 그래서일까, 예술적 감각과 생활의 넉넉함이 진도의 소리 속에 녹아 있다. 강강술래, 남도들노래, 씻김굿, 다시래기 등과 진도 만가와 북놀이 등을 들어보면 생활 속의 모든 것이 다 흥겨운 노래로 살아 있다. 소리를 하지 못하면 진도사람이 아니다. 들에서 김을 매는 아낙도 한 자락 하는 소리요, 길가는 나그네도 소리로 길을 물어야 대답해 주는 곳이 진도다. 어린 아이들은 말보다 소리를 먼저 배우고 글자보다 먼저 소리를 가르치는 곳이 진도다.

저 건너 갈미봉에 비온등 만등
어린 가장 품안에 잠잔등 만등
아리아리랑 스리스리랑 아라리가 났네
아리랑 응응응 아라리가 났네

아리살살 춥거든 내 품안에 들고
베개가 높고 낮거든 내 팔을 비어라
아리아리랑 스리스리랑 아라리가 났네

아리랑 응응응 아라리가 났네

이런 아리랑 가락을 들으면 절로 입이 벙긋해진다.

문경새재는 웬 고갠가
구부야 구부 구부가 눈물이로구나
아리아리랑 스리스리랑 아라리가 났네
아리랑 응응응 아라리가 났네

노래마다 애틋한 사연과 구구한 전설이 있다.

조선조 영조 때 진도군 지산면 목장에 설씨 성을 가진 사람이 있었는데, 이 사람에게 이향이라는 예쁜 딸이 있었다. 그리고 진도 원님에게는 소영이라는 아들이 있었다. 이 두 사람이 우연한 기회에 알게 되어 서로 사랑을 하는 사이가 되었다. 이들은 하루가 멀다 하고 만나곤 했는데 만나는 장소가 산길이 굽이굽이 돌아간 임회면 서낭당 마을 뒷산의 굴재였다고 한다. 그렇게 사랑을 속삭이는 어느 날 만나기로 한 장소에 소영이 나타나지 않았다. 이향은 가슴만 태우고 그들이 만나던 고갯길을 오르내리며 한숨만 쉬고 또 쉬었다.

진도아리랑에 나오는 문경새재란 문전새재가 잘못되어서 그렇게 불러졌다고 한다. 아무리 기다려도 소영은 나타나지 않고 다음해 봄이 되어서야 소영이 육지에 있는 다른 처자와 결혼하여 곧 신행 차 내려온다는 소식을 들었다. 이향은 신표로 주고 받은 비수를 들고 신행 행차가 오는 길목에 숨어서 사생결단을 하려고 오리정 고갯마루에서 기다리고 있었다. 신행 행차가 나타나자 소영을 향해 뛰쳐나가려고 하는 순간 하늘에서 이상한 소리가 들렸다. 이는 다 하늘이 정하는 바라고 한다. 순간 이향은 멈칫하며 가마를 놓친다. 들고 있던 비수로 자결하려다가 차마 죽지 못하고 머리를 잘라 집으로 보내고 속세를 떠나 중이 되었다.

> 왜 왔던고 왜 왔던고 울고 갈 길을 왜 왔던고
> 나를 버리고 가시는 님은 십리도 못가서 발병 난다
> 아리아리랑 스리스리랑 아라리가 났네
> 아리랑 응응응 아라리가 났네

이향이 울며 산으로 들어가며 부른 노래다. 노래마다 애틋한 사연이 있고, 하나하나 전설이 된다. 입담 좋은 이야기꾼들을 통하여 전설은 자꾸만 만들어진다. 구수한 노래 한 자락을 부르고 나면 사설처럼 듣곤 하던 설화들.

여러 지방의 아리랑이 있다. 정선아라리와 밀양아리랑. 그리고 진도아리랑이다. 그중에서도 진도아리랑은 육자배기토리를 바탕으로 한 세마치장단으로 구성되기 때문에 밝고 경쾌하다.

매기는 소리와 받는 소리로 나누어져서 돌림노래로 불리는 진도아리랑은 정해진 가사가 없다. 그때그때 즉석에서 돌아가면서 지어 부른다. 소리의 내용이 주로 남녀의 사랑과 이별에 관한 것이 많으나 그 외에도 욕설, 성에 대한 노골적인 묘사, 한탄, 익살들이 거침없이 어우러진다.

서방님 오실까봐 깨를 벗고 잤더니
문풍지 바람에 고뿔만 들었네
아리아리랑 스리스리랑 아라리가 났네
아리랑 응응응 아라리가 났네

뒷산에 딱따구리는 참나무 구멍도 파는데
우리 집 멍텅구리는 있는 구멍도 못 찾네
아리아리랑 스리스리랑 아라리가 났네
아리랑 응응응 아라리가 났네

진도아리랑은 이렇게 성에 대한 묘사가 노골적이고 대담한 것이 특징이다. 이러한 소리들을 부를 수 있다는 것은 그만큼 그들의 삶이 건강하다는 것을 보여주는 것이다.

일본 대판이 얼마나 좋아서
꽃 같은 나를 두고 연락선을 타느냐
아리아리랑 스리스리랑 아라리가 났네

아리랑 응응응 아라리가 났네

남의 집 서방님은 전차기차를 타는데
우리 집 서방님은 논두렁만 타누나
아리아리랑 스리스리랑 아라리가 났네
아리랑 응응응 아라리가 났네

일본 식민지 시대에 우리 민족이 겪는 서러움과 아픔을 익살스럽게 묘사하고 있는 노랫말이다. 생활 속에서 표현하고자 하는 것들을 거침없이 소리로 풀어내는 진도아리랑. 남도 땅에서는 굳이 진도가 아니라도 근동 일대는 다 진도아리랑이 불리어졌다. 어릴 때부터 자고새면 들어오던 진도의 소리는 가장 아름다운 가락과 흥을 주는 살아 있는 질펀한 토속의 언어다.

뻐꾸기

연이틀 내린 비로 냇물이 많이 불었다. 넘실거리는 누런 흙탕물이 소란을 떨며 흐른다. 건너편 산자락은 새벽 물안개 속에 숨어 있다. 제방엔 때 이른 코스모스가 상큼한 얼굴로 반긴다.

논둑에 나서니 개구리의 울음소리도 반갑고, 제법 실하게 뿌리를 내리고 있는 벼 포기도 반갑다. 요즘은 우렁이 농법으로 친환경 농사를 짓는 논이 많다. 논바닥엔 여기저기 우렁이들이 어슬렁거린다. 벼 포기마다 진분홍 덩어리가 다닥다닥 붙어있다. 우렁이 알들이다. 우렁이 알인 줄 몰랐을 때는 알 덩어리가 마치 엉킨 선지 같아 깜짝 놀랐었다. 그러나 지금도 여전히 예상을 깬 진분홍 덩어리의 우렁이 알이 낯설고 쉽게 가까이 다가가지질 않는다.

앞산에선 뻐꾸기의 노랫소리가 계속 울린다. 초여름의 숲은 언제나 뻐꾸기의 노랫소리로 가득하다. 뻐꾸기소리에 초록은 물들어 가고 있다.

뻐꾹 뻐꾹 봄이 가네
뻐꾸기소리 잘 가란 인사
복사꽃이 떨어지네.

뻐꾸기의 소리에 봄은 가고, 복사꽃은 떨어지며, 뻐꾸기의 인사로 여름은 찾아오고 잎은 새로 돋아난다고 윤석중 님은 노래하였다. 그런가 하면 윌리엄 워즈워스는

오, 유쾌한 새 손(客)이여!
예 듣고 지금 또 들으니
내 마음 기쁘다.
오, 뻐꾸기여!
내 너를 '새'라 부르랴,
헤매는 '소리'라 부르랴?

지금도 들판에 누워 뻐꾸기의 소리에 귀를 기울일라치면 행복하고 황홀했던 황금빛 옛 시절이 돌아온다고 노래하고 있다. 뻐꾸기는 이렇게 동서양의 어느 숲이나 들판에서 많은 이들에게 아름다움을 남겨 주는 모양이다.

그러나 뻐꾸기에 관해 이렇게 서정적이고 아름다운 이야기만

있는 것은 아니다.

옛날 어느 시골에 어린 며느리가 있었다. 어느 날 시어머니가 며느리에게 떡국을 끓이라고 일렀다. 며느리는 열심히 떡국을 끓여놓고 잠깐 동네 우물에 물을 길으러 갔다 왔다. 물을 내려놓고 나서 보니 좀 전에 끓여 두었던 떡국을 솥단지째 엎어놓고 개가 먹고 있었다.

들에 나갔다 들어온 시어머니가 며느리에게 떡국을 가져오라고 하자 며느리는 개가 다 먹고 없다고 사실대로 말했다. 그러자 시어머니는 화를 내며 '네가 다 처먹고 엉뚱한 개는 왜 갖다 대느냐'며 몽둥이로 마구 때렸다. 개가 먹었다고 아무리 이야기를 해도 매질은 멈추지 않았고 결국 며느리는 억울하게 맞아 죽고 말았다.

죽은 며느리는 새가 되어 '떡국 떡국!' 하며 울고 다니고, 날아갈 때는 '개개개개!' 하고 다닌다. 바로 개가 먹은 것이지 자기가 먹은 게 아니라고 자신의 결백을 주장하며 호소하고 다닌다는 설화다.

어릴 적에 아버지와 어머니를 잃고 할머니 손에서 자란 친구가 있다. 독립운동을 하시다 돌아가신 아버지는 아예 기억에도 없지만 네 살 때 잃은 어머니에 대한 기억은 남아 있다고 한다. 어머니를 장사지내고 돌아온 동네 아주머니들이 "아이고 저 어린 것 아부지도 없는데 엄니까지 없으니 불쌍해서 어짠다냐." 하고 치맛자락으로 눈물을 훔치던 것이 생각나고, 어머니가 돌아가실 즈음 자신의 손을 놓지 못하고 안타까워하던 기억이 생생하단다.

어머니가 돌아가시고 혼자 마루에 앉아 있는데 뻐꾸기가 종일 울더란다. 하루 이틀도 아니고 날마다 뻐꾸기가 울어대는데, 그 소리를 들으면 어머니가 더욱 보고 싶어 엉엉 울곤 했단다.

이젠 70년이라는 세월이 흘러 어머니의 기억은 아주 희미하고, 모든 걸 잊을 만도 하건만 여전히 뻐꾸기소리를 듣는 순간 저절로 서러움이 몰려온다는 것이다.

내게도 뻐꾸기소리는 슬픔으로 남아있다. 사랑하던 딸이 통증으로 밤을 하얗게 새우던 그때 희끄무레하게 아직 동이 트지도 않았는데 맨 처음 들리는 소리가 바로 뻐꾸기소리였다. 눕지도 앉지도 엎드리지도 못하고 물 한 모금조차 넘기지 못하는 극한의 고통 속에서 들리는 뻐꾹 뻐꾹 소리는 처절한 울부짖음 같았다.

해마다 봄이 되면 뻐꾸기의 소리는 숲과 들에 가득 차 있다. 그 소리를 들을 때마다 예리한 칼날이 내 가슴을 훑고 지나간다. 예나 지금이나 뻐꾸기는 그저 우짖고 있을 뿐이건만 누구에게는 아름다운 음악이 되기도 하고 누구에게는 견디기 힘든 아픔이 되기도 한다.

당포성지와 욕지도 친구들

1. 당포성지

봄날의 산야는 연둣빛으로 물들어 있고 우리의 가슴은 봄비처럼 일렁거렸다. 통영은 언제 누구와 가도 아름답고 좋은 곳이다. 그런데 더더구나 30년 지기의 문우들과 함께하는 여행인데 무엇을 보고 무엇을 하든 어찌 즐겁지 아니하겠는가. 그저 보는 대로 다 감동이고 기쁨이다. 해무가 가득한 바다도 비경이 되고 살살 내리는 이슬비를 맞으며 연분홍 꽃잔디의 짙은 향기에 취해서 어찔거림도 흥분이다.

숙소는 산양읍에 있는 박선생의 옛집이다. 그런데 도착하고 보니 바로 바닷가에 있는 집이었다. 밤새 파도소리 들으며 잠을 자다니 꿈 같았다. 아침 일찍 일어나 마을을 산책했다. 가까이에 당포대첩지(唐浦大捷地)라는 안내판이 있다. 안내판 위로 조금 더 가니 평평하게 돌을 쌓은 성터가 나왔다.

1374년 고려 공민왕 시대에 왜구를 막기 위해 최영 장군이 많은 병사와 백성을 동원하여 쌓은 성이라 한다. 그리 높지 않은 언덕에 자리한 성이다. 이 당포성은 2중 기단을 형성하고 있는 고려, 조선시대의 석축 진성 형태로 만들어져 있었다. 석축의 길이가 752m이고 성벽의 최고 높이가 2.7m이니 그리 큰 성터는 아니지만 제법 경사도 있고 정상에는 아담한 정자도 있다. 이곳은 시야가 탁 트여서 바다 전체가 한눈에 들어온다.

깨끗하고 아름다운 바다에 점점이 떠 있는 크고 작은 섬들, 눈길 닿는 곳마다 감탄이 절로 나온다. 세상에나 이렇게 아름다운 곳이 있다니. 어떻게 이 아름다움을 다 말로 할 수 있으랴. 바다로 나가는 크고 작은 배들의 엔진 소리가 아침 바다를 깨운다. 어장을 향해가는 배들은 농장을 찾는 농부의 발걸음 같을 것이다. 욕지도 가는 첫배 페리호가 큰 물살을 가르며 지나간다. 둥근 우렁쉥이 가두리 양식장들이 그림처럼 펼쳐있고 조용하고 한적한 전형적인 작은 어촌 마을이다.

사전에 아무런 지식도 없이 왔는데 이곳이 바로 이순신 장군이 왜선 21척과 왜적 300여 명을 격퇴한 유명한 당포대첩지라는 사실을 알게 되었다.

1592년 6월 2일 당포 선창에 일본의 큰 배 9척과 작은 배 12척이 조선 함대를 향해 접근해 왔다. 가장 큰 배에는 당시 일본해군의 총대장인 가메이 코레노리가 탑승해 있었다. 왜선들이 조총을 쏘며 접근하자 조선 수군은 거북선을 앞세워 현자총통, 천자총통, 지자총통을 발사하며 뱃머리로 왜선을 들이받아 화포와 화살을 집중 공격하였다. 대장 가메이 코레노리는 중위장 권준이 쏜 화살에 맞아 쓰러졌고, 첨사 김완, 군관 진무성이 적선에 올라 가메이의 목을 베었다.

이에 일본군은 전의를 상실하고 도주했으며 일본 전함은 모두 격침되었다. 당시 이순신 장군은 가덕도. 거제도 부근과 사천, 율포에 이어 당포에서의 승리를 거둠으로써 우리 해군의 사기를 높였다. 이 여세를 몰아 계속되는 통영 주변 바다에서 왜선들을 물리치고 드디어 한산도 앞바다에서 적들을 유인하여 세계해전사에 빛나는 학익진을 펼쳐 왜선 47척을 격침하고 12척을 나포하여 임진왜란의 승전고를 올렸다.

이렇게 통영 전체가 이순신 장군의 격전지로 알려져 있다. 통영에 오면 우리는 다들 애국자가 된다. 일본의 침략에 새삼 분개를 느끼고 이순신 장군의 우국충정을 기리며 새롭게 나라 사랑하는 마음으로 가득하게 된다. 그런데 미처 알지 못했던 이곳 당포성에 오르니 새삼 이순신 장군에 대한 경외심으로 감격이 일었다.

왜구들은 역사적으로 볼 때 신라시대부터 수없이 우리나라를 침략해왔다. 경주 일대와 통영, 그리고 여수와 남해안 작은 섬에까지 일본이 넘보지 않는 곳이 없다. 수십 번, 아니 수백 번의 괴롬을 당해왔다. 이렇게 아름다운 우리의 보물 같은 땅들을 일본에게 빼앗겼다면 얼마나 원통하였을까. 이 어촌에서 살아오면서 시시때때로 왜구들에게 시달리며 피눈물을 흘렸을 우리 선조들을 생각하니 가슴이 너무나 아팠다.

2. 자랑스런 욕지도의 친구

우리가 기대하고 있던 것은 바로 욕지도 어장에 있는 그 친구들과 만남이다. 삼덕항에서 페리호를 타고 한 시간을 가니 욕지도에 도착했다. 욕지도는 통영 앞바다의 수많은 섬들 중에서 가장 큰 섬이며 아름답기로 이름이 나 있는 곳이다. 섬 일주 드라이브 코스가 잘 닦여져 있어서 섬의 비경을 볼 수 있었다.

얼마를 가니 바다에 둥근 가두리 양식장들이 보였다. 그곳이 바로 참치어장이란다. 어장에 있는 배가 우리를 가두리까지 데려다주었다. 양식장은 규모가 굉장하였다. 수영장만큼이나 커다란 둥근 어장 삼십 개 가까이가 있다. 그곳에는 50~100여kg의 참치들이 수백 마리씩 들어 있다고 한다.

먹이를 주는 광경을 보게 되었는데 대포처럼 펑펑 고등어를 쏘아주자 물 아래에 있던 녀석들이 순식간에 올라와서 먹이를 받아먹는다. 푸른 등과 반짝이는 은빛 귀족의 자태가 드러난다. 그들이 움직이자 가두리가 출렁거린다. 엄청난 힘이 밀려온다.

활기와 생동감에 정신이 번쩍 든다. 난생처음 본 위대한 생명들의 거대한 힘을 느낀다. 아무나 볼 수 없는 진기한 체험이다. 다들 감동에서 벗어나지 못한다.

통영 앞바다는 우리나라에서 유일하게 바다목장을 설치하기에 최적의 자연환경을 갖춘 곳이라는 말을 몇 년 전 통영시장이셨던 고(故) 고동주 시장의 작품을 통해서 읽은 바가 있다. 그의 작품 「바다목장」에서 남해 바다는 수온이 겨울에도 섭씨 10도 이하로 내려가지 않기 때문에 연중 계속 바다 생물들의 성장이 가능하고, 수심도 해변에서 8m 내외가 대부분이어서 이동식 어군에 전혀 지장이 없고, 우리나라 삼면의 바다 중에서 너무 깊거나 얕지도 않고 가장 적당한 수심 때문에 염도 또한 알맞다고 했다.

플랑크톤도 식물성과 동물성이 고루 분포되어야 하는데 대마도의 난류와 낙동강, 섬진강물이 만나서 적정한 조건을 만들어내고 있고, 통영만이 갖고 있는 회류 현상도 들었다. 바다의 밀물과 썰물이 각각 일정한 방향으로 움직이기 마련인데, 통영의 바다는 3개의 큰 섬과 수백 개의 작은 섬들이 적절한 위치에 배치되어 흐르는 물을 막아서서, 적당히 돌아가게 하는 역할을 하고 있다는 해양연구소의 연구결과를 소개한 바 있다.

이런 지형적으로 천혜의 조건을 갖춘 곳이라고는 하나 오래전부터 잡는 어업에서 기르는 어업으로의 길을 개척하기 위해 수 없는 실패를 반복해 가면서도 우렁쉥이의 양식 성공에 이어 이번에는 다들 불가능하다는 다랑어 양식까지 성공을 이룬 박 선생 부부에게 커다란 박수를 보낸다.

이순신 장군께서 목숨을 바쳐 지켜내신 아름다운 이 성지가 이젠 다랑어 양식목장으로서 우리 국민의 훌륭한 먹거리를 해결하는 또 하나의 성지가 되길 바란다.

4.
빛나는 새벽

사랑스런 딸들

- 알로하, 나의 엄마들

친구의 페북에 훈훈한 사진들이 올라와 있다. 딸들과 손주들을 초대하여 성대한 잔치를 열고 있는 모습이다. 언제나 그런 것처럼 온갖 푸짐한 음식이 테이블마다 가득하다. 지난 3년 동안 코로나로 만남을 자주 하지 못한 것을 만회라도 하듯 정성을 다해 여러 날 수고해 마련한 것이 눈에 선해 보인다.

친구는 딸들이 많다. 15년 전 농촌 총각 장가보내기 프로젝트를 추진하면서 베트남으로부터 신부를 구해와 결혼을 성사시킨 게 아홉 가정이다. 머나먼 이국땅에서 어린 신부들을 데려와 결혼은 성사시켰으나 친구의 마음은 늘 불안하였다. 언어도 풍습도 생김새도 다른 이 땅에 와서 과연 잘 견디며 살아갈 수 있을까. 행여 견디지 못하고 상처만 받고 떠나진 않을까. 시어머니나 남편이 구박은 하지 않을까. 손찌검을 당해서 고통 받는 신부들도 있다는데 괜찮을까. 모든 게 걱정이었다.

그래서 친구는 자신이 친정엄마를 자청하며 정기적으로 그들 가족을 초대하여 잔치를 베풀어 주고 언제든 힘들면 기대라고 팔을 벌려 주었다. 세심한 그의 배려 때문인지 지금까지 모두들 아들, 딸을 낳고 부부간에도 화목하게 열심히 잘 살아가고 있다.

우리나라엔 지금 다문화가정이 많다. 어디서나 그렇겠지만 우리나라에 와 있는 다문화가정들도 이곳에서 정착하기까진 참으로 많은 눈물과 고통이 있다. 나 역시 오랫동안 인도네시아 이주노동자를 섬겨왔기에 이들의 어려움을 누구보다도 더 잘 이해하고 공감한다. 힘들고 어려운 과정을 이겨내고 자녀를 낳고 자리를 잡고 잘 살아가는 모습을 보면 참으로 장하고 대견해 보인다.

국립극장에서 열린 뮤지컬 '알로하, 나의 엄마들'을 보았다. 120년 전 하와이 이민자들과 사진 신부로 갔던 여인들의 삶을 보여준 뮤지컬이었다. 사진 한 장에 자신의 운명을 맡긴 채 '포와'라고 하는 일 년 내내 맛있는 과일이 주렁주렁 열리고 마음대로 공부도 할 수 있고, 여자라고 무시당하지도 않고, 그저 행복하게 살 수 있다는 중매쟁이의 말만 믿고 '포와(하와이)'로 떠난다.

의병활동을 한 아버지를 잃고 힘겹게 살아가는 양반집 딸 버들은 학교에 다닐 수 있다는 말에 솔깃하여 나섰다. 그곳에 가면 새로운 인생이 열릴 것이라고 믿었다. 결혼 몇 달 만에 과부가 된 홍주는 이 땅에서 청상과부의 삶이 얼마나 고단한 것인가를 잘 알기에 농장주라는 말만 믿고 떠났다. 또한 무당의 손녀딸로 태어나 출생부터 저주스러운 송화는 늘 무시당하고 구박만 받는 자신이 당당히 살아갈 수 있다는 말에 나섰다.

그러나 그곳에서 만난 신랑감들은 사진보다 10여 년은 더 늙은 사람이거나, 본국에 본처가 있는 사람이거나, 일에 지치고 힘든 삶을 하루하루 살아가는 노동자였다. 이들은 속았다는 것을 알았지만 아무런 대책이 없었다. 그냥 그곳에서 어떻게든 살아내야 했다.

버들의 남편 태완은 첫사랑을 못 잊고 버들에게 마음을 쉽게 열지 않는다. 버들은 남편의 마음을 얻기 위해 애쓰며 세탁소 일을 해서 돈을 모은다. 함께 떠나왔던 홍주는 다른 지역에서 신혼생활을 시작한다. 그러나 홍주의 남편은 이미 본국에 처가 있는 사람으로 아들을 낳자 본처에게 입적시켜야 한다고 한다. 송화는 술주정뱅이요 폭력을 휘두르는 남편을 만나 툭하면 매를 맞으며 힘겨워한다.

먼 이국땅에서도 독립운동의 바람은 불어온다. 버들의 남편 태완은 독립운동을 하러 중국으로 떠나고, 버들은 홀로 아이들을 키우며 억척스레 돈을 모은다. 홍주는 남편이 아들을 데리고 본국으로 가버리자 버들과 함께 장사를 시작한다. 남편의 폭력과 구박 속에서 벗어나지 못하는 송화를 버들과 홍주는 함께 지내며 보호한다. 거친 들판에 홀로 버려진 것 같은 운명 속에서도 결코 쓰러지지 않고 꿋꿋하게 나아가는 그녀들의 강인한 모습은 참으로 위대하다.

'알로하 나의 엄마들'은 버들의 딸 펄이 엄마들의 파란만장한 삶을 알게 되면서 세 사람의 엄마들이 바로 나의 엄마들임을 고백하며 만든 작품이다. 지금 우리 주변에도 새로운 버들, 홍주, 송화가 이 땅에서 뿌리를 내리기 위해 안간힘을 쓰고 있다.

국립극장의 회전무대와 영상이 스토리의 진행에 맞춰 변화해서 아름다운 조명과 섬세한 소품들로 무대는 탄탄하였다. 서울시 뮤지컬단원들의 수준 높은 가창력도 돋보였다. 음악과 안무 어느 것 하나 소홀한 것이 없어 참 만족했다. 오랜만에 본 창작 뮤지컬이면서 감동스런 무대였다.

빈 웃음

가을 숲을 걸으면 마치 신 앞에 선 구도자가 되는 것 같다. 모든 나무들에게서 경외로움을 느낀다. 봄부터 여름 내내 그 많은 이파리를 키워가며 풍요로움을 가득 채우던 나무들이 겨울을 맞기 위해 모든 걸 다 내려놓는 모습이야말로 참으로 경건하고 아름다운 모습이다.

오늘 엄마의 옷을 정리했다. 삼층장과 자개장롱 가득 들어있는 그 많은 옷들을 한꺼번에 꺼내 놓았다. 엄마의 깔끔한 성격 그대로 모든 옷들은 정갈하게 손질이 잘 되어 있다. 나들이 옷들은 모두 드라이클리닝이 된 채로 차곡차곡 걸려있고 다른 옷들은 단정하게 다리미질까지 잘 되어 곱게 개켜져 있다.

그런 옷들을 마치 쓰레기 뒤집듯이 다 뒤집어 가며 꺼내놓았다. 이제는 다시 이 옷을 입을 수 없게 된다는 사실이 화가 났고 아직 살아 계신 분의 옷을 마음대로 이렇게 정리할 수밖에 없어서 속이 상했다. 누구에겐지 모를 화풀이로 옷을 확확 마구잡이로 꺼냈다.

엄마가 정신이 온전치 못하신 지 벌써 여러 해다. 그러다보니 모든 기능이 다 나빠져서 살아있으나 살아있는 게 아니다.

엄마는 남동생네와 함께 사셨다. 동생네는 30년 가까이 살던 아파트를 팔고 다른 곳으로 이사를 하게 되었다. 이사를 앞둔 동생네에 들러 엄마의 짐을 정리해 주어야 하는 게 누나인 내가 해줄 수 있는 유일한 배려다.

엄마는 계절이 바뀔 때면 나를 부르셨다. 백화점에 가서 함께 쇼핑을 하자는 것이었다. 옷을 고를 때면 여간 까다로운 분이 아니셨다. 몇 바퀴를 돌고 돌아서 웬만큼 마음에 들지 않으면 사지 않으셨다. 어쩌다 마음에 들면 고액의 옷도 흔쾌히 사셨다. 그리고 얼마나 기뻐하셨는지 모른다. 젊어서는 그렇게나 아끼며 백화점 근처에도 가지 않으시던 분이 노년에는 늙을수록 옷은 고급으로 잘 입어야 한다며 그렇게 당신을 위한 호사를 하실 줄 아셨다.

장롱 안에 쭉 걸린 옷 대부분은 나와 함께 다니며 고르셨던 것들이다. 값비싼 옷일수록 이젠 엄마가 입을 일이 정말 없다. 허구한 날 침대에 누워 계시니 순면으로 만든 옷이나 필요하다.

그러고 보니 엄마의 전성기는 바로 이 옷들을 사러 백화점을 드나들던 그때였던 거 같다. 성공한 자녀들이 주는 넉넉한 용돈으로 당신이 사고 싶은 것을 사던 그 시절, 엄마는 행복해 하셨다. 함께 점심을 먹으면서 조금 전에 산 옷을 다시 꺼내 만져보고 흡족해 하시던 모습이 얼마 전인데 이렇게 엄마가 좋아하고 아끼던 옷들을 마구 버리다니.

엄마가 다시 정신을 차리신다면 얼마나 화를 내실까? 아마도 당신이 가장 사랑하는 큰딸이라도 이 행동을 용서하지 않으실 것이다. 엄마가 늘 몸에 지니고 계시던 금목걸이와 팔찌도 어찌 되었는지 보이지 않는다. 혹시나 옷 어느 틈에 끼어 있나 샅샅이 살펴봐도 못 찾겠다.

끼니마다 죽을 드시는 엄마를 위해 고기를 갈아 죽을 만들고 과일을 간다. 딸을 알아보고 반색하며 기뻐하는 우리 엄마, 요즈음 엄마의 웃음은 어린아이보다 더 맑은, 세상에서 가장 편안한 웃음이다.

평생 근심 걱정을 달고 사시던 엄마다. 8남매나 되는 자녀들 뒷바라지에 편할 날이 있었겠는가. 게다가 일찍 잃은 두 자녀로 인해 가슴앓이가 생겨서 소화제와 진통제를 달고 사셨다. 그런 엄마가 이제는 편안해지셨다. 뼈만 남은 앙상한 발을 씻길 때면 허리 아픈데 하지 말라고 말리는 여전히 딸을 사랑하시는 우리 엄마다.

나는 수시로 엄마에게 손자들의 소식을 알려드린다.

"엄마 작은아들 손자 ○○이가 검사가 되었어요."

"아이고 정말 잘 되었구나."

"엄마 ○○가 둘째를 낳았어요. 이번엔 딸이에요."

"오, 그래! 우리 ○○이가 벌써 애가 둘이라고?"

그냥 평소처럼 대화가 되는 듯하다. 그러나 잊어버린다. 당신이 밤낮으로 고시에 패스하게 해달라고 기도하시던 그 손자가 금세 검사로 임용된다고 해도 기뻐하신 건 잠시뿐이다.

그래도 나는 엄마가 기뻐하시는 순간을 위해 손자들의 소식을 열심히 전해 드린다. ○○는 어디에 취직이 되었고, ○○는 약학박사가 되었고, ○○는 의사가 되었고, ○○는 미국 유학을 마치고 와서 어디에 취직이 되었다고 일일이 알려드린다.

그때마다 "오, 그랬냐? 잘 되었구나!" 하신다.

휠체어로 엄마를 모시고 가까이에 있는 성내천을 한 바퀴 돈다. 맑은 물이 졸졸 흐르는 성내천엔 휠체어가 다니기에도 불편하지 않게 길이 잘 다듬어져 있다. 야생화도 보여드리고 물오리 떼도 보여 드린다. 갈대꽃이 바람에 흔들거리며 춤을 춘다. 호르륵 갈대꽃이 휘날린다. 휘날리는 갈대꽃엔 수많은 씨앗들이 매달려 있다. 그들은 어딘가에 생명을 심으며 다시 시작할 것이다.

가을 나무처럼 다 벗어가고 있는 엄마에게서도 많은 생명의 씨앗들이 날아다닌다. 그 생명들은 다시 새롭게 엄마의 모든 기운을 이어가고 있다. 그렇게 다 벗은 엄마의 웃음이 가장 아름답게 남겨진 웃음이다. 가을 햇살은 주름 가득한 엄마의 얼굴을 간질거린다. 누가 뭐래도 난 지금 우리 엄마의 이 편안한 웃음을 볼 수 있어서 참 좋다.

누가 뭐라든 당신 꽃을 피워 봐요

외출에서 돌아오는 길에 아파트 단지네 건널목에서 잠시 신호를 기다리던 중이었다. 무심코 내려다본 화단 곁에 웬 벌들이 붕붕거린다. 삼월이라고는 하나 아직은 찬바람이 옷깃을 파고들어 두툼한 겨울 파카를 벗지 못하고 다니며, 강원도에 폭설이 내려 교통 혼잡이 대단하다는 소식이 바로 엊그제 뉴스였다.

벌은 유난히 추위에 약한 곤충이라고 들었는데 이런 날씨에 이게 무슨 일이지 싶어 자세히 들여다보았다. 화단 경계로 심겨 있는 회양목 속에 수십 마리의 벌들이 이리저리 날고 있다. 벌들이 앉아 있는 곳을 보니 옅은 연두색의 수많은 꽃술들이 작은 봉오리로 무리를 지어 가득 피어 있다.

'아니 이 회양목도 꽃을 피운단 말인가? 이 연두색이 꽃이란 말이지.'

회양목은 이 아파트를 지은 처음부터 십 수년 동안 그저 이 자리에 있었다. 회양목은 쭉 벋어 있는 각종 나무들과 여러 꽃나무들을 보호해 주는 화단의 울타리였다. 일 년 내내 진녹색의 작은 이파리를 매달고 사람들의 무릎 높이를 넘지 못하고 엎드려 있었다. 가만두어도 키가 잘 자라지 않지만 조금만 웃자라도 조경사들은 싹둑싹둑 가위질을 했다. 높낮이가 항상 똑같은 회양목에 어느 누구도 관심을 주는 사람이 없었다.

이런 회양목에 벌들이 봄이라기엔 아직 이른 날에 첫 손님으로 추위를 무릅쓰고 찾아 왔다니. 어디서 온 벌들일까? 수십, 혹은 수백 리 밖에서 찾아 왔는지도 모르겠다. 사람의 눈에 띄지도 않은 꽃들을 용케도 찾아내는 벌들이 참으로 신통하기만 하다. 요즘은 생태계의 변화 때문에 벌들이 많이 죽고 벌통마다 비어 있어 양봉을 못 하겠다는 양봉업자들의 이야기를 들었는데 겨울 동안 어디에 피해 있다가 이렇게 찾아 왔을까? 겨우내 굶주렸던 벌들에게 첫 양식이 되어준 것이 바로 이 회양목의 꽃들이다.

우리 동네는 봄꽃이 무척 많다. 매화, 살구나무, 개나리, 목련, 벚나무가 가득하여 봄이면 온 동네를 환하게 밝혀준다. 봄꽃들이 피어나면 주민들은 너도나도 밖에 나와 사진을 찍기도 하고 따사한 햇살 아래서 꽃구경을 즐긴다. 일부러 이웃 동네에 사는 사람까지 불러들여 봄날의 꽃 잔치를 함께 나누기도 한다.

이렇게 모든 사람들이 환호하는 봄꽃들은 화사함과 요염한 자태를 뽐내며 봄날의 귀한 진객의 대접을 받는다. 꽃이라면 이런 대접을 받는 게 가장 영광일 것 같다. 그러나 제아무리 아름다운 꽃들도 십여 일이 지나면 땅바닥에 꽃비를 가득 떨어뜨리며 지고 만다.

누가 뭐라든 당신 꽃을 피워 봐요

작다고 피다만 꽃 없고
크다고 사철 피는 꽃 없어요
… 중략 …

옆꽃 눈치 보지 않고
다른 꽃 부러워하지 않는
당당한 저 꽃처럼

기다릴 게요
누가 뭐라든
당신 꽃을 피워 봐요

– 재발견생활

4호선 전철을 타고 가다 기관사가 낭송해 주는 짧은 시를 들었다. 그 시를 듣는 순간 내 가슴에 쿵 소리가 들렸다.

내가 요즘 집중적으로 간절하게 하는 기도가 바로 좌절하고 힘들어 있는 젊은이들을 위한 기도다. 젊은이들에게 취업이란 하늘의 별처럼 힘들다고 아우성이다. 그도 그럴 것이 연봉이 억대라는 대기업이나 번듯한 전문직의 일자리가 아니면 일하려고 하지 않는다. 너도나도 그런 일자리만 구하니 취업은 당연히 어려울 수밖에 없다. 어렵게 취업을 해도 무언가가 조금만 맞지 않으면 주저 없이 사표를 내던지기도 한다. 그런 청년들은 쉽게 좌절하기도 하고, 또한 새롭게 도전하려는 의지도 잃은 채 잠적하듯이 방에서 나오지 않는다. 그런저런 이유로 은둔 청년들이 수십 만 명이 넘는다는 보도를 보았다.

가까운 지인도 그런 자녀들로 인해 힘들어하고 있다. 두 딸이 몇 년씩 외국 유학을 하고 돌아왔다. 공부만 마치면 금방 취업도 하고 결혼도 번듯하게 잘해서 아무 근심 걱정이 없으려니 하고 부모는 기대했다. 그러나 아이들은 원하는 직장에 취업이 안 되자 방 안에서 나오지도 않고 부모들과 대화조차 끊었다. 이렇게 된 지 벌써 1년이 지났다. 할 말이 있으면 카톡으로 했다.

평생을 일밖에 모르고 자수성가한 아버지는 그런 딸들을 보자 울화증이 나서 한시도 집에 있을 수가 없었다. 주말이면 운동을 나가고 평일이면 은퇴할 나이인데도 죽어라고 일만 하고 있다. 사회적으로나 경제적으로는 성공했는데 아이들 때문에 뒤늦게 이렇게 속을 썩게 될 줄은 상상도 못 했다. 이를 곁에서 당하고 있는 친구 역시 해결방법이 없고 지옥이 따로 없다며 참담해 한다.

주변의 권유는 조그만 카페라도 내어주라지만 그것도 본인들의 의욕이 있을 때 하는 말이다. 부모가 무조건 차려놓고 하라고 할 건 아니니다. 제발 어디든 나가서 봉사라도 하고 다녔으면 소원이 없겠다고 하소연하는 부모의 그 딱한 이야기에 마음이 몹시 아프다.

시련 속에서도 꿋꿋이 살아온 세대가 있었다. 일터에서 하루 10시간씩 일하던 수많은 청춘들이 있었다. 어디서든 일할 수만 있으면 감사했다. 환경이나 조건을 그렇게 따지지도 않았다. 얼마 되지 않는 월급을 받으면 꼬박꼬박 적금을 들고 셋방에서 시작한 살림을 하나하나 늘려가며 성취감을 맛보기도 했다. 좀 더 나은 꿈을 바라며 행복하다고 했었다. 그들로 인해 이 땅은 가난을 이겨냈고 세계 10위의 경제부국을 이뤄냈다. 그런데 요즘의 젊은이들은 화려하고 멋진 꽃만을 피우려 한다. 작은 꽃은 보잘것없다며 무시하고 뭉개버리려 한다.

우리의 젊은이들이 화사한 꽃만 바라지 말고 회양목의 꽃도 되고, 들풀도 되었으면 좋겠다. 이름 없는 꽃이라도 벌들에게 꿀을 나누어 주고 들판을 환하게 만들어 주는 꽃으로 피어나는 것이 얼마나 멋지고 아름다운가를 알아 갔으면 좋겠다.

'누가 뭐라든 당신 꽃을 피워 봐요'라고 노래한 시인의 말처럼.

쇼나조각

잔잔히 흐르는 강물을 바라보며 물멍 하기에 참 좋은 날씨다. 북한강 변에는 이런 좋은 경치를 자랑하는 카페가 여러 곳 있다. 사랑하는 사람과 함께 느긋하게 차향을 즐기며 담소를 나누기에 이보다 더 좋을 수 없다. 특별히 멀리 가지 않고도 가까운 곳에서 이런 호사를 누릴 수 있어서 참 좋다.

오늘 찾은 카페는 차 맛도 좋고 풍광도 좋지만, 아래층에 자리한 작은 미술관에서 뜻밖의 큰 선물을 받았다. 검고 흰 단단한 돌덩이에 소박한 모습을 담은 조각품들. 바로 쇼나조각품들을 이곳에서 만날 줄이야.

아프리카 대륙의 강한 생명력을 그 단단한 돌덩이에 섬세하고 따뜻하고 자유롭게 표현하고 있는 작품들. 거기에는 원초적인 사랑을 담은 순수한 아낙이 있다. 어머니만이 지니는 포근

함이 있다. 아이를 바라보는 모습이 정말 행복해 보인다. 제목에서 알 수 있듯이 가족과 사랑이 주제들이다. 차갑고 단단한 돌덩이에서 따뜻함이 느껴지는 것은 바로 자연을 담은 순수함 때문이리라. 가족 사랑의 따뜻함과 행복한 모습들이 보는 이에게도 전이되고 있다.

'쇼나조각'은 짐바브웨 인구의 약 70%에 이르는 부족의 이름인 '쇼나족'이 만든 조각을 이름한다. 쇼나족은 천부적으로 돌을 잘 다룰 줄 아는 사람들이다. 그들은 밑그림이나 스케치도 없이 정과 망치 등 재래식 도구만을 가지고 눈앞에 놓인 자연석을 바라보고 그 돌의 생김새와 성질에 따라 작품을 만들어 낸다.

숙련된 장인이 아니면 도저히 흉내조차 낼 수 없는 작업이다. 돌의 단단함도 여러 가지여서 어떤 것은 다이아몬드보다 더 단단하고, 여러 가지 색상으로 예상치 못한 모습과 형태로 작품이 만들어지기도 한다. 그러니까 이들은 자연의 순리에 따라 살아가는 그들처럼 작품도 자연의 현상에 따라 만들어 가는 것이다.

최근 몇 년 동안 우리나라를 비롯하여 전 세계적으로 쇼나의 조각이 많은 인기와 사랑을 받고 있다. 처음에는 아프리카의 한 마을에 있는 돌덩이, 에니미즘이나 종교미술품으로 간주하여 얕잡아 보던 이들도 이젠 다른 각도로 보고 있다. 그 단단한 돌덩이에 작가마다 완전히 다른 개성으로 생명력을 불어넣어 만든 작품에서 큰 감명을 받은 것이다.

우리나라에선 2001년 성곡미술관에서 전시를 열기 전까진 전혀 알려지지 않았었다. 평소 조각을 사랑하고 전시를 자주 들락거리는 나는 그때 처음 본 쇼나조각이 참 매력적이고 아름답다고 생각했다. 그리고 간간이 이곳저곳에서 쇼나의 작품들이 전시되었지만 그리 크게 주목하고 대접을 받진 못한 것 같았다. 그러나 최근 들어 전시장마다 그들의 진가를 대서특필하며 찬사를 보내고 있다. 또한 그에 걸맞게 미술시장에서 상당한 고가로 판매되고 있다.

쇼나의 조각에 반하여 전문매장을 운영하는 곳도 여러 군데 생겼고 현지에서 직접 작가를 발굴하여 작품 활동을 지원하는 기업도 생겨났다는 소식을 들었다. 부드러운 곡선이 흐르는 여인의 모습을 바라보며 이런 작품을 만들기까지 수없는 정과 망치질로 상하고 험해진 그들의 손끝을 상상해 본다.

목공예품을 만드는 작가들은 쓰러져 있는 고목을 바라보면서도 그 안에 숨어 있는 작품들을 상상하며 새롭게 생명을 불어넣고 있다. 전혀 예상하지 않았던 동물들이 만들어지기도 하고, 사랑스런 아이들이 만들어지기도 한다. 꺾여 있는 나뭇가지에도 새들이 살아나고, 꽃들이 피어나기도 한다.

쇼나의 조각은 재질들이 다양하기로도 유명하다. 보석에 준

하는 것들이 여러 가지다. '라피도라이트스톤(Lepidolife stone)'은 아름다운 보랏빛을 띠며 평화와 행운을 상징한다. '레오파드락스톤(Leopardrok stone)'은 표범의 가죽과 같은 작은 점무늬가 있다. 철, 마그네슘 광물인 감람석 종류이며 26억 년 된 사암문 집합체 안에 생기는 돌이다. 레오파드락은 짐바브웨서만 발굴되고, 조각하기 어려워 능숙한 조각가만 다룰 수 있다고 한다.

이런 돌의 여러 가지 성분이나 그 가치를 들어보면 작품들의 진가가 더욱 드러나 보인다. 정말 다이아몬드보다 더 귀하다. 이렇게 고귀한 작품들을 만들어 내는 쇼나인들이야말로 신의 손을 가진 자들이라는 생각이 든다.

그리 크지 않아도 좋은 작품 한 점이라도 나의 서재에 들이고 싶다는 유혹이 출렁거린다. 가까이 두고 바라본다면 더욱 그들의 놀라운 재능에 날마다 찬사를 아끼지 않을 것이다.

팔당의 가마우지

남쪽에서 매화가 한창이라는 소식이 들려온다. 이런 봄날은 언제나 가슴을 설레게 한다. 황사와 미세먼지로 외출을 삼가라는 방송에도 불구하고 길을 나섰다.

가끔 가는 다산의 유적지가 있는 팔당에 이르면 잔잔한 호수 같은 강물에 마음은 저절로 평안해진다. 황사가 아무리 심해도 꽃이 피는 것을 멈추게 하진 못 한다. 이곳의 매화도 가지마다 벙긋거리고 있다.

물가에 자리를 잡고 한참을 멍하게 앉아 있는데 강 건너편에서부터 커다랗고 시커먼 둥치의 새가 물 위를 톡톡 건드리며 총알처럼 스치고 지나간다. 초스피드의 빙상 스케이트 선수가 눈 깜짝할 사이에 달려 나가는 속도보다 더 빠르게 물 위를 스치듯이 순식간에 이쪽에서 저쪽 끝까지 휙휙 지나간다. '어이게 뭐지?' 그러고 보니 한두 마리가 아니다. 십여 마리가 마치 경쟁을 하듯 이쪽, 저쪽에서 오르락내리락 종횡무진이다. 그 모습이 가히 예술적이고 기이하여 넋을 놓고 한참을 바라보았다.

자세히 보니 바로 가마우지란 녀석이 틀림없다. 철새인 가마우지가 우리나라에 언젠가부터 자리를 잡고 있다는 이야기를 들었다. 가마우지에 대한 이야기는 아련한 동정으로부터 기억되어 있다. 수나라 때부터 중국인들은 가마우지를 이용하여 물고기를 잡았다고 한다.

가마우지는 물고기의 사냥꾼이라는 별명을 가질 만큼 민첩하고 물속에 잠수도 잘해서 아무리 큰 물고기도 가마우지의 눈에 띄기만 하면 꼼짝없이 잡힌단다. 그런 가마우지의 목을 끈으로 묶어서 가마우지가 물고기를 잡으면 삼키지 못하게 하여 어부들은 손도 안 대고 물고기를 잡는다고 한다. 먹이를 사냥하고도 삼키지 못하고 인간에게 이용되고 있다는 게 너무도 잔인한 방법이라는 생각이 들었었다.

그런 가마우지가 언제부터 우리나라에 날아와 살면서는 대량 물고기 포획자로 어부들의 원성이 자자하게 되었다. 이곳 팔당을 비롯하여 한강 하류인 김포까지 가마우지의 개체 수가 많아졌다고 한다. 가마우지는 물고기사냥을 잘할 뿐 아니라 먹어치우는 양도 굉장하여 가마우지가 활개를 치고 다니는 곳은 어부들이 설치한 그물이 텅 빈다는 하소연을 들었다. 그래서 얼마 전부터는 가마우지를 해를 입히는 새 종류로 분류하였다고 한다.

물가에 둘러서 있는 나뭇가지에 참새들이 옹기종기 모여 앉아 재재거린다. 얘들도 가마우지의 물고기사냥에 찬사를 보내고 있는 듯하다. 팔랑거리며 방정을 떠는 참새의 재롱을 보고 있노라니 가을이면 '훠이, 훠이,' 참새떼를 쫓느라고 온갖 방법을 다하며 애쓰던 큰아버지 모습이 생각난다.

"그까짓 참새가 먹으면 얼마나 먹는다고 그렇게 새들을 쫓느라고 애쓰는지 모르겠어요." 하는 나의 불만에 "모르는 소리 마라. 참새 한 마리가 왔다 가면 떼로 몰고 와서 한 됫박씩 먹어치운단다." 하시며 벼 한 톨도 아까운 세상에 날짐승에게 귀한 곡식을 다 뺏겨서야 쓰겠냐고 하시던 말씀이 생각난다.

하긴 요즘도 농사짓는 집에선 새 떼에게 일 년 농사를 다 내줬다고 하는 소리를 들었다. 친구네는 수수농사를 조금 지었는데 남들 다 씌운 망을 씌우지 않고 그냥 두었더니 어쩜 그렇게 알알이 다 까먹고 빈 쭉정이만 남겨 두었는지 한 톨도 못 건졌다며 한 톨씩 먹는 새라고 얕잡아 보았다간 헛농사라고 한다.

과수원을 하는 사람들에게도 새들은 큰 훼방꾼이고 골칫거리다. 잘 익고 맛있는 과일만 골라서 꼭꼭 찍어 먹는 통에 망치는 것이 한두 개가 아니어서 엄청난 피해를 보고 있다. 새들의 피해를 막기 위해 온갖 방법이 동원되고 있다. 새들이 날아오면 시끄러운 소리가 나게 하는 것도 있고, 폭죽을 터뜨려서 놀라게 하는 방법도 있다. 낚싯줄을 늘어뜨려 포획하는 방법들 같은 아이디어를 동원하여 새들의 피해를 막기에 애쓰고 있다.

사람이 영리한지 새가 더 영리한지 서로 머리싸움을 하고 있다. 이쯤 되면 사람과 새들은 서로 공존하기보다는 원수처럼 미워하며 아예 박멸하여 씨를 말릴 연구를 하게 되지 않을지 모르겠다.

오래전에 보았던 '알프레드 히치콕'의 '새'라는 영화가 생각난다. 처음엔 한두 마리의 갈매기가 날아오더니 점점 많은 갈매기들이 날아와 아이들을 공격하고, 수백 마리의 새떼들이 벽난로 굴뚝을 통해 집안까지 급습하였다. 그리고 다음날엔 이웃 농부의 집을 방문해보니 새들에게 눈이 파 먹힌 채로 죽어 있는 농부의 시체를 발견하게 된다. 학교 운동장에 새떼가 몰려들고 마을과 상가를 공격했다. 무섭고 소름 끼치던 새떼들.

'떼'는 언제나 공포감을 일으킨다. 이스라엘 백성들이 애굽에서 나오던 때에도 메뚜기 떼들의 재앙이 있었다. 작은 그 곤충이 '떼'가 될 때에 엄청난 위력을 드러냈다. 무엇이든 개체수가 많아지면 그렇게 공포감과 위기를 만들어낸다.

그러나 피해가 심하고 새들 때문에 못 살겠다고 아우성치던 사람들도 정작 새들이 다 없어진다면 뭐라고 할까? 새가 날지 않는 숲과 들을 상상할 수 있을까? 그건 더욱 끔찍하다. 그러기에 아무리 새들의 피해가 심해도 우리는 어떻게든 새들과 서로 공존하며 살아가야 할 것이다.

검은 날개를 쭉 펴고 멋진 유영을 하는 가마우지. 너를 향해 순전한 찬사를 보낼 수 있는 날을 기다린다. 우리 함께 어울려 멋지고 아름다운 세상을 잘 살아가자꾸나.

부부의 사랑

집 앞이 소란스러웠다. 박새 한 마리가 정신없이 오르락내리락 날개를 퍼덕거리며 주위를 빙글빙글 돌며 괴기한 소리를 지르고 있었다. 쨍쨍 울부짖는 그 소리는 마치 세상이 무너진 듯 애절했다. 그 해괴한 모습에 사람들이 모여들었다.

길바닥에는 몸을 일으키지 못하는 새 한 마리가 파닥거리고 있었다. 억지로 날개를 펴려고 애써 보지만 잘되지 않는다. 아마도 무엇에 부딪혀서 많이 다친 모양이다. 한 할아버지가 지팡이로 다친 새를 슬쩍 건드렸다. 그러자 곁에서 소란을 떨던 새가 무서운 기세로 사람에게 덤벼들었다. 어찌나 사납고 무섭게 덤비는지 모두 깜짝 놀라 피했다.

출근길이던 사람들은 갈 길을 가고 몇 사람이 조금 멀찍이 떨어져 지켜보았다. 한참을 혼자서 버둥거리던 바닥에 있던 새가 어찌어찌 일어났다. 날개를 몇 번 펴보더니 하늘을 향해 나른다. 그제서야 곁에서 소란을 피우던 새도 조용히 함께 떠난다. 나는 이 뭉클한 장면 앞에서 쉽게 자리를 뜨지 못했다.

박새는 부부의 사랑이 지극한 새라는 것을 처음 알았다. 한 해의 짧은 생을 함께 나누며 둥지를 틀고 새끼를 기르고, 바람과 비를 함께 견디어 낸다. 그리고 어느 한쪽이 다치면 남은 한쪽은 그 곁을 떠나지 못한다고 한다. '어떠한 일이 있어도 나는 너를 버리지 않는다'는 사랑의 언약을 잘 지키는 부부애가 각별한 새라는 것을 미처 알지 못했었다.

안동 여행 중에 월영교를 가게 되었다. 월영교는 미투리 모형을 본떠 만든 다리다. 이곳이 바로 어느 젊은 부부의 애절한 사랑 이야기가 담겨 있는 곳이다. 이름 없는 무덤에서 발견된 유골과 부장품에서 발견된 유품. 거기엔 머리카락을 뽑아 남편의 병 낫기를 기원하여 미투리를 만들었다는 사연과 함께 먼저 세상을 떠난 남편에 대한 지극한 사랑을 담은 편지가 400여 년 만에 세상에 나왔었다.

원이 어머니라 부르는 여인의 그 편지가 세상에 나왔을 때 모두가 감동이었다. 평생을 함께하지 못한 슬픔과 그래도 여전히 이어지는 사랑의 기도가 담겨 있었다.

"당신 언제나 나에게 말했지요. 머리 희어지도록 살다가 함께 죽자고. 그런데 어찌 나를 두고 당신 먼저 가십니까."

… 중략 …

"함께 누우면 언제나 나는 당신께 말하곤 했지요. 여보 다른 사람들도 우리처럼 서로 어여삐 여기고 사랑할까요."

아름다운 부부의 사랑이 어디 원이 어머니에게만 있으리요. 얼마 전에 남편을 먼저 떠나보낸 친구와 함께 월영고를 걷게 되었다. 친구 부부의 사랑도 깊고 따뜻했다. 60년 가까이를 함께 했으니 한 몸이었다. 말 그대로 일심동체가 되어 지극한 정성으로 남편을 돌보던 친구였다.

젊은 시절이야 사업하고 자식들 키우느라 열심이었지만 나이가 들면서 남편의 뒷바라지가 전부였다. 자신도 여러 번의 척추 수술로 몸이 힘든데도 불구하고 무조건 남편의 수발이 먼저였다. 수족만 되어 주는 것이 아니라 입속의 혀라는 표현이 딱 맞는 말이었다. 가려운 데를 먼저 알고 긁어주고, 저린 곳을 먼저 알아 주물러 주는 아내. 잔기침 하나에도 소홀함이 없고 대소변의 색과 양도 그냥 흘려보내지 않는 아내였다.

마지막 병원에서 보낸 몇 달 동안 어느 하루도 남의 손에 남편을 맡기지 않았다. 자신이 돌볼 수 있는 게 가장 큰 기쁨이고 감사였다. 그냥 마땅히 그래야 옳고 다들 그렇게 할 것 같지만 쉬운 일은 아니다.

할 수 있는 최선을 다한 친구지만 먼저 가신 남편에 대해 더 잘해드리지 못해 미안하다고 한다.

부부의 사랑이란 화려한 말이나 뜨거운 고백이 아니라 마주 서서 함께 아파하고, 함께 나누며 곁을 내어주는 것이 진정한 사랑이라는 것을 새삼 알게 했다.

"사랑하리라, 끝까지 더욱 존중하고 함께하리라."

흔적

다산 정약용은 제자 학유에게 매 열흘마다 집안에 쌓여있는 편지들을 정리하라고 당부한다. 남의 눈에 거슬릴만한 것이 있으면 일일이 추리거나 살펴서 아주 못 쓰겠는 것은 불에 태우라 했다. 그보다 덜한 것은 새끼로 꼬아 새끼줄로 삼고, 또 다른 것은 터진 벽을 바르거나 책이나 편지 등을 보관하는 상자를 만들어서 정신을 정결히 하도록 하라고 일렀다.

편지 한 장을 쓸 때마다 일일이 두세 번씩 살펴보면서 간절한 마음으로 점검하기를 '이 편지가 사통팔달한 번화가에 떨어져 원수진 사람이 열어보게 되더라도 내가 죄를 얻는 일이 없을 것인가'라고 생각하여보라고 했다. 또한 '이 편지가 수백 년 뒤까지 전해져서 안목을 갖춘 숱한 사람이 보게 되더라도 나를 비난하지 않을 것인가?라고 한 뒤에 봉함을 하라. 이것이 바르게 배운 자의 신중한 태도이다.'라고 했다.

옛사람들은 모든 소통의 수단이 오로지 편지였다. 그러기에 절절한 마음을 담은 연서도, 부모님께 효를 다하는 마음으로 올린 문안의 인사도 모두 편지로 남아 있다. 서로 마음을 나누며 학문을 논하는 것도 편지글이었으며, 세상을 개탄하며 울분을 토하는 것도 편지글이었으니 편지야말로 날마다 주고받는 소통의 창구였으리라.

그러나 글이라는 것이 말과 달라 한번 써서 남의 손에 들어가면 다시 고치거나 아니라고 발뺌을 할 수 있는 것이 아니지 않는가. 그러니 자연 또 보고 다시 고치고 하여 보내게 되었을 것이다. 그렇게 남긴 글이지만 그 글로 인해 큰 화를 당하거나 멸문의 위기까지 겪게 된 것이 바로 정약용 자신과 주변이었으니 얼마나 더 조심하고 조심하라 일렀겠는가.

요즘 우리는 인터넷 덕분에 자유롭고 활발한 소통을 하고 있다. 전화나 SNS 등을 통하여 순식간에 많은 사람과 동시에 의견을 나누며 함께 공유하고 지낸다. 그러다 보니 자연 걸러지지 않은 말로 인해 피해당하거나 피해를 주는 일이 많아졌다. 신중히 생각하지 못하고 남의 의견에 동조하거나 확인되지 않는 이야기를 사실인 양 퍼 나르다가 그 일로 인해 시간이 지난 후에 큰 곤경에 빠지는 경우도 허다하다.

얼마 전에도 유명 가수가 어릴 적에 SNS에 올린 영상물과 글로 인해 큰 파문이 일어 그의 가수 생활에 치명적인 손상을 입은 사건이 있었다. 아무런 생각 없이 그냥 올린 글이 흔적이 되어 그를 곤경에 빠지게 만든 것이었다. 해명하려고 애를 써도 오히려 그 글은 더 퍼져나가 많은 파장을 일으켰다.

정치가가 오래전에 쓴 글이 그의 발목을 잡는 경우도 있고, 학자가 발표했던 예전의 논문이 잘못되어 논쟁이 되기도 한다. 그러고 보면 함부로 글을 올리거나 경솔히 남의 의견에 무작정 '좋아요!'를 눌러가며 동조할 일도 아니다.

요즘의 우리 생활은 싫든 좋든 모든 일상이 다 저장되고 드러나는 세상에 살고 있다. 가는 곳마다 CCTV가 있어서 기록되어 있기도 하고 무엇을 먹고 살아가고 있는가도 카드명세로 다 드러나게 되어 있다.

나는 생활비를 남편의 명의로 된 카드를 주로 사용하는데 마트에서 장을 보거나 친구들과 식사를 할 때도 결제 즉시 남편의 휴대폰으로 실시간 '띵동' 하며 알려준다. 남편은 가만히 앉아서도 오늘 내가 어디서 무얼 먹고 다니는지, 얼마를 쓰는지 다 알 수 있다. 그런 알림설정이 늘 함께하는 느낌이 있어서 나는 참 좋다.

어디서든 물건을 사면 그 회사의 홈페이지엔 사는 사람의 모든 정보가 고스란히 남는다. 어느 날 어떤 물건을 얼마나 샀으며 주로 사는 물건은 무엇이며 좋아하는 것은 무엇인지가 바로 분석이 된다. 그렇게 분석한 정보로 나에게 새로운 것들을 소개하기도 하고 사도록 유도하기도 한다.

식당도 마찬가지다. 몇 번 간 식당에서 계속 메시지를 보내온다. 새로운 메뉴에 대하여, 새로운 할인 혜택에 대하여, 그럼 나도 모르게 그 식당을 또 찾게 된다. 갔던 곳을 지울 수 없는 흔적으로 인해 다시 엮이게 된다.

병원에 간 기록도 다 남아 있어서 어느 날 무슨 병을 앓았는지 몸의 상태가 어디가 좋지 않은지 메모장에 기록할 필요도 없이 다 드러나게 되어 있다. 바로 현대인은 어디를 가든 그 흔적을 감출 수도 지울 수도 없다. 그러기에 무엇이든 함부로 해서는 안 되는 세상이다.

며칠 전에 '원더랜드'라는 영화를 보았다. 어린 딸을 두고 죽은 엄마가 살아 있는 것처럼 영상통화를 통해 어린 딸에게 일일이 잔소리도 하고 대화를 계속해 나간다. 아이는 엄마의 죽음을 알지 못하고 엄마가 있는 곳으로 가려고 한다.

이것은 평소의 모든 행동과 생각을 컴퓨터에 다 저장하여 분석한 후에 마치 현재 살아 있다면 나눌 수 있는 대화를 예상하여 만들어 내는 AI 인간 서비스다. 가상이지만 자료만 있다면 정말 그런 가능성도 있겠네 하는 생각이 들었다.

그러고 보니 겁이 난다. 내가 세상을 다 살고 마지막 날에 하나님 앞에 섰을 때 그 모든 기록을 되돌려 본다면 나의 모습은 어떨까. 지우고 싶은 부끄러운 장면들이 얼마나 많을 것인

가. 이것만이라도 제발 지워졌으면 하는 모습으로 고개를 들지 못하고 숨고 싶은 게 너무도 많을 것이다.

다산의 권유처럼 편지 한 장을 다른 사람 앞에 내놓았을 때 흠이 없게끔 다듬고 또 다듬듯이 부끄럽지 않은 흔적을 남기기에 늘 가다듬고 돌아봐 가며 살 일이다.

그들만 아는 행복

어릴 적부터 할머니가 옆에서 늘 찬송가를 부르시고 성경을 읽으시던 모습이 눈에 선합니다. 지금은 할머니의 찬송가는 들을 수 없지만 그 마음을 담아 드립니다.

딸아이가 할머니를 그리며 낸 음원 첫머리에 실린 글이다.

나는 결혼해서 처음부터 시부모님과 함께 살아왔기에 우리 아이들은 자연스레 할머니와 할아버지의 사랑 가운데 자랐다. 그래서인지 할머니에 대한 정이 무척이나 두텁다. 할머니가 살아 계실 땐 할머니는 차 타는 걸 좋아하신다며 가끔 맛집을 찾아 드라이브도 시켜드리곤 했다. 가까운 청평이나 남한강 쪽으로 바람을 쐬어 드리면 "좋다. 참 좋구나!" 하며 함빡 웃으셨다.

아이들은 밖에서 맛있는 걸 먹고 올 때면 빈손으로 들어온

적이 거의 없다.

아무리 작은 거라도 이거 맛 좀 보시라며 할머니 챙기는 걸 잊지 않았다. 친구들도 "이거 너희 할머니 갖다 드려." 한다며 들고 들어왔다. 그렇게 살아가는 우리 아이들은 참 행복해 보였다.

얼마 전 모 방송국에서 하는 '인간극장'이라는 프로그램을 보았다. 엄마를 일찍 잃고 할머니 손에서 자란 손자, 손녀가 요양병원에 가 있는 할머니를 집으로 다시 모셔와서 돌보는 사연이었다. 병원에 들어갈 때는 걸어가셨는데 6개월 입원해 있는 동안에 일어서지도 못한 상태가 되었다. 소변줄까지 끼고 있다고 한다.

할머니가 입원하고 바로 코로나 사태가 발생하여 면회도 금지되었다. 병원 측에서는 그냥 잘 계신다면서 왜 일어나지도 못하고 소변줄까지 끼게 되었는지 하루하루 불안해서 아무 일도 손에 잡히지 않았다. 이들은 여러 가지로 궁리하고 의논한 끝에 집으로 모셔왔다.

집에 모셔오는 날부터 할 일은 산더미 같았다. 빨래도 수북하게 나왔다. 잠시도 쉴 틈이 없다. 몇 개월 만에 이렇게까지 나빠져 있는 모습이 너무도 속이 상했다. 이런 중환자를 어떻게 돌봐드려야 옳은지도 모르는데 이렇게 덜컥 할머니를 집으로 모셔 온 것이 잘한 일인지 겁이 났다.

할머니를 집으로 모셔오는 일에 수없이 고민하고 따로 사는 아빠와 고모들과도 의논을 했었다. 그러나 한마디로 잘라 안 된다고 했다. 너희들의 힘으로 도저히 감당이 안 될 게 뻔하고 결국엔 다시 병원으로 가게 될 텐데 공연한 고집을 부린다고 야단만 들었다. 만일 하다가 힘들다고 하면 어른들 말을 듣지 않고 너희들 고집대로 해서 그런 거니 알아서 하라는 원망만 듣게 될 것이 뻔하다.

이튿날 침대가 몽땅 젖었다. 살펴보니 소변줄이 막혀 새어 나온 것이다. 직장 때문에 멀리 나가 있는 동생의 도움도 쉽게 구하기 어려운 처지인 손녀는 할머니를 번쩍 들어 업고 병원으로 뛴다. 그 용감함에 기가 막혔다. 어디서 그런 힘이 나오는 것일까? 바로 할머니를 사랑하는 사랑의 힘일 것이다. 마치 엄마가 아이를 보호하기 위해 위기의 순간에 상상치 못했던 힘이 나오는 것과 같다.

목욕을 어떻게 해드려야 할지 난감한 상황에서도 씻기고 난 후에 할머니의 얼굴을 연신 어루만지며 "할머니 시원해?" 하고 물어대는 그 손녀의 모습이 정말 천사다. 회사에서 근무 중에도 마음을 놓지 못하고 요양사에게 이것저것 당부해야 하고 출장 중에도 할머니의 상태에 따라 허겁지겁 달려와야 하는 어려움에 "과연 내가 잘 감당할 수 있을까?" 하고 눈물을 흘리는 모습을 보니 너무도 안쓰럽다.

그러나 할머니의 남은 시간을 함께 보내고자 하는 감으로 모든 것을 다 감내하기로 작정한 이들 남매의 각오가 단단하다. 손녀와 할머니의 추억 만들기는 날마다 더해진다. 예쁘게 차려입고 사진을 찍기도 하고, 한강 변에 나가서 꽃반지도 만들어 드리고, 맛있는 외식도 시켜드린다.

할머니가 어릴 때 사셨던 고향 나들이도 해드린다. 고향 사람을 만나면 지난 기억이 좀 더 살아나지 않을는지 애써보는 거다. 자꾸 가물거리는 기억을 살려 드리려고 애쓰는 손자들의 용감한 모험은 날마다 펼쳐진다. 이런 모든 일상을 일일이 기록해 영상으로 남기며 행복을 되새김질하고 있다.

참으로 무모하고 어리석은 행동 같아 보이는 이들에게서 진정으로 행복해하는 모습이 더 크게 보인다. 이건 할머니의 사랑을 받고 자란 아이들만이 알 수 있는 행복이다.

아버지와 지렁이

새벽길에 나서자 인도에 지렁이들이 엄청나게 많이 나와 있다. 개량종인지 외래종인지는 모르겠는데 예전에 시골서 보던 것과는 달리 크기가 엄청나다. 실뱀들이 아닌가 여길 만큼 큰 녀석들을 밟지 않으려고 조심스레 발걸음을 떼어 놓는다.

비만 오면 땅 위로 기어 나오는 저들의 생태를 모르는 바 아니지만 기를 쓰고 나와 한낮이면 어김없이 여기저기 납작하게 죽어있다. 사람들의 발길에 밟혀 죽기도 하지만 햇볕에 저절로 말라 죽는 것들이 더 많다.

이렇게 죽어있는 것들을 개미 떼들이 달려들어 제집으로 끌고 가느라 한바탕 소동이 인다. 제 몸뚱어리의 수백 배는 되는 것을 온 가족이, 아니 온 족속이 다 모인 듯 수백 마리가 덤벼들어 옮기고 있다. 협동의 크고 놀라운 힘이다.

지렁이는 의외로 우리에게 이로운 일을 많이 하는 것으로 알려져 있다. 얘들이 사는 땅은 그들의 배설물들로 인해 비옥하게 되고 땅을 정화 시키는 능력도 있다고 한다. 또 다른 생물들에게 단백질 공급도 한다. 시골에서 놓아먹인 닭들이 가장 좋아하는 것이 바로 지렁이다. 닭들은 거름더미나 흙 속에 들어 있는 것들도 잘 찾아내어 먹지만 비 온 뒤 땅 위에 나와 있는 녀석들만 보면 한 마리도 놓치지 않고 다 쪼아 먹는다.

나는 지렁이를 보면 움찔하며 피하면서도 아버지를 떠올린다. 결혼하고 나서 얼마 지나지 않아 몸이 아팠다. 허리가 아파 꼼짝 못 하고 누워 지낸 날도 많았고 일상생활을 잘 못 할 정도로 힘들었다. 시어른들과 함께 살면서 그리 아프니 어른들에게 너무 죄송하고 뵐 면목이 없어 더 불안한 하루하루였다. 결국엔 몸을 추스르기 위해 친정집에 가서 상당 기간 정양하게 되었다.

나는 평소에 몸이 약하거나 병치레한 적이 거의 없었다. 직장에 다닐 때도 잘 다녔고, 집에서 운영하는 공장일도 도맡아 처리하던 일꾼이었다. 그런 딸이 결혼한 지 한 달도 안 되어 여기저기 아프다고 하니 친정 부모님의 근심이 오죽하였으랴.

부모님은 그때부터 몸에 좋다는 것은 다 구해 먹이기 시작했다. 허리 통증에 좋다는 어느 한의사의 말을 듣고, 조그만 약병아리에 철분 성분이 든 돌을 넣고 약탕기에 넣어 푹 고아 짜서 먹이길 백여 마리나 되었다. 또 누구의 말을 들었는지 모르겠는데 옥상에 소의 배설물을 잔뜩 깔아놓고선 그곳에 붉은색의 식용 지렁이를 키우기 시작했다. 그것들이 자라면 골라다가 말리고 볶아서 가루로 만들고 캡슐에 넣어 주었다.

나는 처음엔 무엇인 줄도 모르고 영양제라고 하니까 그냥 먹었다. 어디서 그런 제약회사에서 쓰는 캡슐은 구했는지 먹는데 아무런 거부감도 없었고 시중에 파는 영양제하고 똑같아 보였다. 그런데 어느 날 옥상에 가보니 지렁이 천지였다. 서울 한복판에서 뭐 하려고 이걸 일부러 키우냐고 물었더니 바로 나를 먹이려고 키운다는 거였다.

그걸 본 다음부턴 지금까지 잘 먹던 영양제라는 캡슐을 도저히 먹을 수가 없었다. 부모님의 정성을 생각하면 이보다 더한 거라도 먹어야겠지만 억지로 먹으면 토하고 울렁거려 삼켜 지지가 않았다.

그 가루가 무슨 효험이 있었는지는 모르지만 난 그 후로 아이들 삼 남매를 낳아 잘 길렀고, 남편과 함께 사업도 열심히 하여 집안을 일으키고 그럭저럭 큰 병 없이 잘 살아왔다.

돌이켜 보면 우리 부모님의 사랑은 특별히 크고 지극하셨던 것 같다. 부모라고 다 그렇게 자식들에게 헌신적이긴 어렵다는 걸 안다. 솔직히 나는 우리 자녀들에게 그렇게까지 잘해 주질 못했다. 항상 최선을 다해 잘 해준다고 말은 그렇게 하면서도 힘들고 지치면 그냥 거기까지야 하고 주저앉은 적이 많다.

영조임금이 11세의 어린 나이에 결혼하여 19세에 죽음을 갖이한 딸 화협옹주에 대하여 친히 쓴 비문을 보았다.

> 기품과 용모가 뛰어났으며 어버이를 정성으로 모시며, 시부에게도 한결같이 하였다. 비록 궁궐에 거처하여 소란한 가운데에서도 어려서부터 장성함에 이르기까지 담담하고 정숙하며, 조금도 빈틈이 없고, 나쁜 소문이 없었으며, 곁눈질하는 예가 없었다.
>
> (죽기 이틀 전) 특별히 내가 가서 보았다. (화협) 방에 들어가 보고 "내가 지금 입궐한다."고 세 번이나 말했지만 정신이 혼미하여 응답이 없었다. 이튿날 아침 네가 잠시 정신이 들어 (간병하는 이에게) "아버지 왔을 때 어찌 나를 깨우지 않았는가? 평안히 돌아가세요. 라고 여쭤야 했는데…."라고 말했다는 소리를 전해 들었다.
>
> 무릇 가히 영령을 위로하기 위해 한 줄을 기록함에 열 줄의 눈물을 흘렸으니 아! 슬프도다. 아! 슬프도다.
>
> -「비문」 전문

화협은 용모가 뛰어나기도 하였지만 영조가 지극히 사랑하던 딸이었다. 그 딸이 병중이라는 소식을 듣고 단걸음에 시가인 남양주까지 달려갔다. 임금의 행차가 그리 쉬운 것도 아니요, 궁궐서 남양주까지가 가까운 거리도 아니건만 죽기 이틀 전에 다녀간 임금께서 임종 소식을 듣자마자 다음 날 바로 발걸음을 하시었다. 임금이 아닌 한 아이의 아비로써 애달프고 슬픈 마음을 주체치 못하고 눈물을 흘리는 자애로운 아버지의 모습을 보았다. 아버지란 이런 사랑인가 보다.

아버지 가신 지 30년이 지났건만 여전히 그 크고 따스한 사랑을 잊지 못한다. 더구나 오늘처럼 지렁이를 만나면 울컥하는 마음이 더 많다. 며칠 후면 아버지의 기일이다. 오랜만에 동생들과 함께 모여 아버지를 추억하며 지난 이야기를 나눌 것이다. 그때도 지렁이가 화제가 될 듯하다.

코로나 블루

잠시 왔다가 지나가는 전염병이려니 했던 것이 예상과 달리 코로나19는 우리의 모든 것을 뒤죽박죽으로 만들었다. 2020년 한 해가 거의 다 가고 있는데도 종잡을 수가 없다. 수많은 자영업자들이 폐업을 하고 도저히 살 수가 없다며 아우성이다.

추석 대 명절이 되었는데도 이번에는 부모 형제를 찾아 고향집에 가는 것도 가지 말라고 한다. 심지어는 조상묘소를 성묘하는 것도 하지 말라고 하니 천지가 개벽할 일들이다. 결혼식도 계속 미루고 있는 신혼부부가 많고 부모님 칠순이니 팔순잔치는 엄두조차 못 낸다. 인간의 근본 질서가 다 흔들리고 있다.

너무한 조치라고 항변을 하다가도 실제로 부모님을 찾아갔다가 부모님이 코로나에 걸려 돌아가시게 된 예가 있으니 할 말이 없다. 친구가 시골에 계시는 어머니가 너무도 보고 싶어 찾아갔었다. 갈 때까진 아무런 이상이 없어서 어머니와 하룻밤 오순도순 옛이야기도 나누고 반찬도 해드리고 돌아왔는데 밤에 열이 나더란다. 혹시나 해서 어머니께 전화를 했더니 어머니도 열이 난다고 했다. 다음날 검사를 받아보니 딸이 코로나에 걸렸다. 어머니도 걸렸다. 60대인 딸은 곧장 입원을 하고 90대인 어머니는 이틀 만에 돌아가셨다.

코로나로 돌아가시니 장례식도 제대로 치르지 못하고 다른 형제들도 어머니 마지막 가시는 길 배웅도 못하고 그냥 서둘러 화장을 했단다. 친구는 지금 가슴을 치며 울고 있다. 자신이 잘못해서 어머니를 돌아가시게 했다는 죄책감과 형제들에게 어떻게 할 수 없는 불효를 하게 만든 자신을 생각하니 견딜 수 없이 괴롭다고 한다.

우리와 친형제처럼 지내는 A장로님은 60평생을 함께 살던 아내가 치매에 걸렸다. 몇 해 동안 집에 요양사가 오가며 당신이 친히 아내를 돌보고 있었는데 점차 증세가 심해지자 자식들의 권유로 집근처에 있는 요양병원에 아내를 입원시켰다. 처음엔 집근처이니 매일 가서 말벗도 해주고 간식도 함께 나누며 잘 지냈다. 그런데 느닷없이 코로나19로 인해 면회가 금지되고 나니 절벽에 선 기분이었다.

그 속에 있는 아내가 정말 잘 지내고 있는지가 궁금하고 무엇을 잘 먹기나 하는지가 궁금해서 견딜 수가 없었다. 병원 측에선 잘 있으니 걱정 말라지만 눈으로 직접 보질 못하고 있으니 미칠 지경이라 하셨다. 하루 종일 자신을 기다리며 앉아 있을 아내를 생각하면 더욱 견딜 수가 없었다. 며칠 후면 면회가 될 거야. 다음 주엔 되겠지 하며 기다려온 것이 벌써 8개월이 넘었다. 병원에선 화상을 통한 면회를 해준다. 그러나 화상을 통한 것으론 아무것도 믿음이 가질 않는다.

요즘 A장로님은 너무도 외롭고 쓸쓸하며 아내가 보고 싶어 견디기 힘들다고 하소연 하신다. 어디 이런 분이 A장로님 한 분뿐이겠는가. 가족을 시설에 맡기고 사는 사람들이 모두 같은 마음들일 것이다. 자식들도 며칠에 한번이라도 그곳에 계신 부모님들을 찾아뵙고 함께 시간을 보내오다 이렇게 오랫동안 막혀 있으니 그 심정이 어떠하며 또 그곳에 계신 분들도 가족이 얼마나 보고 싶을까를 생각하면 이 코로나가 정말 원망스럽다.

며칠 전에 모 방송국에서 요양병원의 실태를 보여 주었는데 요양사가 환자에게 죽을 억지로 먹이다가 기도가 막혀 죽는 영상을 보았다. 또 잠을 자게 약을 먹이는 것도 보았다. 그 뉴스를 보고 나자 나는 요양병원에 입원 중인 작은어머님이나 친족처럼 가까이 지내오던 사랑하는 분들의 생각으로 며칠이고 마음이 아파서 견디기 힘들었다. 그런데 하물며 가족을 그곳에 보낸 분들의 마음이 오죽하랴 생각하니 A장로님의 아픈 마음이 충분히 이해가 된다.

얼마 전 영국 남부 햄프셔에 사는 토니 윌리엄스 씨는 최근 자택 창문에 이렇게 쓴 포스터를 내걸었다는 이야기를 뉴스에서 들었다.

"저는 사랑하는 아내이자 영혼의 동반자인 아내 조를 잃었습니다. 친구나 가족이 없어 대화할 사람이 없어요. 24시간 계속되는 적막이 견딜 수 없는 고문과 같습니다. 나를 도와줄 사람 없나요?"

은퇴한 물리학자인 윌리엄스 씨는 슬하에 자녀가 없이 아내와 35년을 살아왔는데 코로나19로 별안간 아내를 잃게 되자 아무도 찾아오는 사람이 없는 빈집에서 견디는 것이 너무도 힘이 들어 이런 절절한 글을 써 붙인 것이다.

사람은 혼자서 살아갈 수가 없다. 서로 부딪치고 대화하며 살아가는 것이 당연한데 자식들과도 오가기를 힘들어 하는 요즘 아내를 혹은 남편을 갑자기 잃은 사람이나 이렇게 요양원에 보내고 만나지 못하고 애태우는 사람들이 모두 고독하고 쓸쓸함에 병들어 가고 있으니 너무도 딱한 일이다.

오랜만에 우리 집으로 장로님들을 초대하여 냉면을 대접해 드렸다. 같은 교회에서 수십 년을 함께 보낸 우리 네 가정은 한 가족처럼 지내고 있는 사이다. 부부가 함께 여행도 다니고 남자분들끼리는 한 달에 한번 이상 모여 식사도 하고 담소를 나누는 재미로 사셨다. 코로나로 만나는 것을 자제하며 지내다

보니 서로 우울증이 생길 것 같다며 하소연들이시다.

일주일이면 서너 번씩 만나 함께 예배드리고 기도하던 교우들끼리도 몇 달째 만나지도 못하고 있다. 예배가 이렇게 중단되어 모임 자체를 못하리라고 누가 상상이나 했을까? 어떤 외부의 힘에 의해 이런 일들이 벌어졌다면 어느 누가 이대로 견디어 내고 있을 것인가.

코로나19는 참 대단한 바이러스다. 도대체 무서운 게 없다. 흑인이고 백인이고 인종 차별이 없다. 직위고하도 가리지 않고, 빈부격차도 없고, 선진국과 후진국도 차별을 두지 않고 골고루 휘젓고 다닌다. 공평하다고 해야 하나.

지구촌 모든 사람들이 지금 이렇게 힘든 시간을 억지로 보내고 있지만 결국 인간들은 이겨낼 것이다. 머지않아 백신이 나올 줄 믿는다. 또한 옛 이야기 하듯 오늘 이렇게 겪은 이야기를 나누며 지나 갈 것이다. 너무도 힘든 시간들을 보내고 있는 수많은 사람들에게 서로의 위로를 드리고 싶다. 함께 잘 이겨내자고 격려하며 토닥토닥 어깨를 어루 만져주고 싶다. 몇 개월째 만나지 못한 친구들과 교우들에게 안부전화라도 해야겠다.

식전행사

고작 14분 47초짜리 영상이 이렇게나 많은 생각들을 갖게 할 줄은 몰랐다.

'식전행사' 이 영상물은 죽음을 앞둔 한 남자가 친구들을 초대하여 자신의 장례식을 미리 치르는 내용이다. 주인공은 아주 담담한 표정으로 초대한 친구들을 위해 와인과 파스타를 준비하고, 테이블에 꽃을 장식한다.

초대 받은 네 친구들은 자신들이 어떤 표정으로 어떻게 행동해야 할지, 어떻게 무슨 말을 해야 할지 참으로 난감한 표정으로 들어선다. 그들은 각자가 준비한 주인공인 친구를 추억하는 글을 낭독한다.

증권맨인 한 친구는 주인공 현수와 지난 20년 동안 함께했던 일들을 추억하며, 자취방에서 뒹굴던 시절을 이야기 한다.

참으로 어색하고 힘든 그 자리에서 또 한 친구는 '이제 멀어져 갈 내 친구의 집은 어딘가? 벗이여 이제 그대를 볼 수 없을지라도 그대와 함께 나누던 블렌디의 체리향기는 지금도 짙게 스며들고 있다네. 이제 그대 떠날지라도 삶은 계속될 것이며 그대 사라진 올리브나무 사이로 바람이 우릴 데려다 줄 것이다.'라 노래를 해준다.

천상병 시인의 「귀천」을 낭송하는 이도 있다. 다른 친구는 우리는 살아가는 것이 아니고 모두 죽어가는 것이라 말한다.

마침내 주인공이 친구들의 위로에 고마워하며 자신이 쓴 글을 막 읽으려는데 증권맨 친구의 전화벨이 울린다. 그는 중요한 고객의 전화라며 다른 사람의 눈총을 받으면서 조심스레 전화를 받는다. 고객은 맡긴 자금이 많은 손해가 났다는 소문을 들었노라며 걱정을 하고 그는 다 루머라며 안심하라고 한다.

그의 통화를 들을 한 친구는 요즘 그가 코너에 몰려 있다는 소문을 들었다며 쏘아붙인다. 주인공은 그에게 자신이 맡겼던 돈은 찾아서 좋은 일에 쓰겠다고 한다. 다른 친구는 증권맨 친구에게 돈을 맡겼으면 그 돈이 살아 있기나 한지 모르겠다고 한다. 증권맨 친구는 '그깟 돈이 얼마나 된다고' 하며 화를 낸다. 순간 분위기는 험악해지고 자신들이 왜 이곳에 므였는지 잊어버린다.

주인공이 자신은 허둥대기만 하다가 이렇게 죽음을 맞이하게 되었노라며 편지를 읽어가는 데 별안간 만삭의 몸으로 참석했던 한 친구가 산통을 느끼며 예정보다 일찍 출산을 하게 되어 긴박한 상황이 된다. 식전행사는 뒤죽박죽이 되어 간다. 그녀는 아기를 출산하고 주인공은 죽는다.

해가 떠오르는 아침에 친구들은 죽은 주인공의 이야기를 떠올리며 한강을 걷는다.

'내가 너희들을 잊고 지냈던 몇 년간의 시간이 너무 아쉽구나. 좀 더 신경 쓰고 살았더라면 덜 아쉬웠을 것을…. 무리한 부탁 들어줘서 고맙다. 함께해 줘서….'

이 독립영화 '식전행사'는 자살이 만연되어 가고 있는 세태에 삶의 소중함을 말하고 있다. 사람들은 때로는 영원히 죽지 않을 것처럼 죽음에 대해 무감각하게 살기도 하지만 때로는 삶의 무게에 짓눌려 너무 쉽게 삶을 포기하기도 한다. 잘 죽을 준비가 되어 있는 사람이 잘살 수 있다는 말이 있다. 시한부 인생의 주인공이 어떻게 보면 불쌍하고 안됐지만 한편으로 죽음을 앞두고 사랑하는 이들과의 이별을 할 수 있음은 축복일 수도 있지 않을까.

성경에 한 부자의 이야기가 나온다. 한 부자는 밭의 소출이 풍성하여 곡식을 쌓을 곳이 없었다. 그는 자신의 곳간을 헐어 새로 짓고 모든 곡식과 물건을 거기 쌓아 두리라 생각했다. 그리고 자신의 영혼에게 이르되 '영혼아, 여러 해 쓸 물건을 많이 쌓아 두었으니 평안히 쉬고 먹고 마시고 즐거워하리라' 하되 '어리석은 자여, 오늘 밤에 네 영혼을 도로 찾으리니 그러면 네 예비한 것이 뉘 것이 되겠느냐?' 하였다.(누가복음 16장 16절-20절)

부자가 그날 밤에 죽는다는 사실을 알았다면 창고를 새로 짓고 그 많은 곡식과 물건을 쌓아두지 않고 오히려 곡간 문을 열고 사람들에게 곡식을 나누어 주며 함께 기쁨을 나누지 않았을까? 해서 죽음을 준비할 수 있다는 것은 하나의 축복일 수 있다고 생각해 왔었다.

사람들은 자신만을 위해 허둥대며 움켜쥐던 모든 것들이 죽음 앞에선 아무 의미가 없는 하찮은 일임을 잘 느끼지 못한다. 이 영화에 나오는 주인공의 친구들도 마찬가지다. 친구의 죽음 앞에서도 회사일, 해묵은 원한, 미움 등으로 많지 않은 시간마저 허비한다. 그럼에도 불구하고 죽을 사람은 죽고, 새로운 생명은 다시 태어난다.

삶과 죽음의 교차 속에서 어떻게 살 것인가에 대한 명제를 던지고 있는 이 영화는 나에게 긴 여운을 남겼다.